世纪波
Century Wave

教练型领导

释放领导潜能，赋能他人成长！

闫秋华　著

COACHING FOR LEADERSHIP

電子工業出版社
Publishing House of Electronics Industry
北京·BEIJING

图书在版编目（CIP）数据

教练型领导：释放领导潜能，赋能他人成长！/ 闫秋华著. —北京：电子工业出版社，2020.7
ISBN 978-7-121-38552-0

Ⅰ. ①教… Ⅱ. ①闫… Ⅲ. ①企业领导学 Ⅳ.①F272.91

中国版本图书馆CIP数据核字（2020）第031766号

责任编辑：吴亚芬
印　　刷：三河市良远印务有限公司
装　　订：三河市良远印务有限公司
出版发行：电子工业出版社
　　　　　北京市海淀区万寿路173信箱　　邮编100036
开　　本：720×1000　1/16　印张：14　字数：155千字
版　　次：2020年7月第1版
印　　次：2020年7月第1次印刷
定　　价：69.00元

凡所购买电子工业出版社图书有缺损问题，请向购买书店调换。若书店售缺，请与本社发行部联系，联系及邮购电话：（010）88254888，88258888。
质量投诉请发邮件至zlts@phei.com.cn，盗版侵权举报请发邮件至dbqq@phei.com.cn。
本书咨询联系方式：（010）88254199，sjb@phei.com.cn。

To my dearest daughter Olivia Ann Stephens & husband David Ray Stephens

献给亲爱的女儿奥利维亚·安·史蒂芬和先生大卫·雷·史蒂芬

致　谢

需要声明的是，本书基于前人的理论、实践和工具，结合我多年的企业实践，为读者提供流程、案例和应用场景，以使读者更加清晰地理解教练的理念并将其应用到自己的生活和工作中，活出教练所拥有的状态，并且逐步提升教练辅导的能力，以使自己最终成为教练型领导。

因此，首先，我要向那些为教练事业做出巨大贡献的前辈们致谢，他们是伯特兰•罗素、雷戈里•贝特森、罗伯特•迪尔茨、添•高威等，感谢他们的贡献；其次，感谢为本书画插图的高琛和孙艳雯两位女士，这些插图使得本书的内容更加丰富多彩；再次，要感谢同事们的支持，尤其是沈莉英，她负责校读全书书稿并提供完善建议；最后，要感谢电子工业出版社的付豫波女士，是她激发并点燃了我的兴趣，使我能够将自己所热爱的教练和领导力发展事业通过出版图书来影响更多的管理者，从而赋能他们成为教练型领导。

前言：叩启的力量

这是一本酝酿许久的书，也是我的第一本关于教练的书。

Coach的中文意思是教练。作名词时，教练是指一种职业；而作动词时，教练则是指一种辅导的能力。企业教练的核心理念在于以人为本，一切以人的成长为核心。通过有力的提问，让被辅导者积极主动地设定自己的目标，探索可能性，并且享受达到目标的过程。所以，我自己更愿意把Coach翻译成叩启——叩人心扉，启迪心智，最终赋能他人，成就自己。

与教练的接触，要追溯到十几年前，当时我们公司为全球500强的公司提供领导力发展的培训和项目。这些公司的高管及被外派到中国的外籍高管都需要调整心态和提升管理能力，于是他们需要引入高管教练，对他们进行一对一的教练辅导。那时，我们有一个自由讲师叫苏珊·福斯特，她在第一个引入教练的美国电话电报公司（American Telephone & Telegraph Company，AT&T）工作过28年，并从一线员工做到了市场部的副总裁。她同时也是一个非常出色的高管教练。再加上她在中国生活了十几年，可谓贯通中西文化。她给我传授了很多教练的方式和方法，让我受益匪浅。她有力的提问也常常让我进行深度思考和持续探索。可以说，她是我踏上教练旅程的启蒙导师。

那时候，高管教练就像一个“奢侈品”，因为费用不菲，而且专业的教练甚少，所以当时只有少许的外企舍得给具有潜力的高管聘请外部的专业教练。所以，教练的波及面和影响力很小。

然而，随着时代的发展，教练逐渐在企业兴起，主要有以下两个突出的原因。

第一，现在90后的新生代已经成为市场主力，00后也开始成为职场新人。许多管理者和领导者不知如何带领这拨朝气蓬勃、想法另类、思维新颖、个性张扬的职场新锐。至今仍然记得十几年前，当时，80后刚刚走上工作岗位，一位外企的人力资源总监朋友打电话向我吐槽：“现在的80后到底怎么了，真不知道该如何管理他们这么不成熟的年轻人。”我当时笑着回答：“悠着点儿，等到90后开始工作时，他们自然就会成熟起来了。”果然如此。

第二，人们所处的时代变化太快。用时髦的话来说，当今是个VUCA[1]的时代，其具体特征表现为具有易变性、不确定性、复杂性和模糊性。在这个瞬息万变的时代，人们面临更有挑战性的环境，而且人们所在组织的变化迭代更迅速，问题也更加错综复杂。面对这样的现状，领导者没有固定的管理模式，他们需要时时根据不同的情况做出相应的调整，并且还要有很强的灵活性和适应性；再加上员工更加个性化，更加追求自我价值的体现……这些都给领导者带来了巨大的挑战。传统的命令式和指挥式的管理模式并不能真正地带动他人积极主动地工作。领导者需要一种新的模式来释放自己和他人的潜能、打破限制性的信念、积极主动地寻求解决方案，真正享受“我的事情我

1 VUCA是易变性（Volatility）、不确定性（Uncertainty）、复杂性（Complexity）和模糊性（Ambiguity）的英文首字母缩写。

做主”的快乐。教练型领导的产生可以说顺应了时代的发展，是与时俱进的结果。

基于以上这种现状，我和我的同事们结合国外关于教练的实践及经验，设计了“教练型领导”的系列课程，在企业内部推广。自2004年以来，这些课程深受企业和领导者的喜爱，因为他们通过掌握更有效的教练能力，来激发和释放员工的潜能；通过赋能来发展自己的员工，使员工积极主动地探寻达到目标的意义和方法。这样，不仅员工开心，领导者也更轻松一些。

本书的主书名为“教练型领导”，有两个词需要关注：一个是“领导”，另一个是“教练”。虽然关于领导力的书籍数不胜数，但关于领导者的教练能力的书籍寥寥无几，尤其在国内，而能将“领导”和“教练”两者有效结合的书籍少之又少。本书结合了我这些年的实战经验，以及对领导力和教练的探索思考，希望本书能够使更多的企业家、领导者和咨询顾问更加详细地了解教练型领导的定位、价值、能力、践行，掌握更加实用的模型、流程、工具和案例。当然，特别要感谢各位教练届的前辈们，他们提供的现有的工具能够帮助人们在实践中灵活应用教练技能，也使教练辅导更加有效。

当更多的领导者发展了教练技能并践行时，会发现首先受益的是自己，他们会突破固有的思维模式，跳出限制性的框架，完善心智模式，更加关注未来的结果和方案。随着自己的思维和行为发生的正向变化，领导者会惊奇地发现周围的人也会受之影响，并发生变化，即周围的人会变得更积极主动地释放潜能，聚焦方案，关注结果。而他们又会影响周围的人，逐渐地，领导者会看到这种正向的影响就像涟漪一样，层层扩散，越来越大，最终实现涟漪效应，对个人、家庭、团队、组织和社会产生更深远的影响。

2015 年 12 月的某天，我接到了一家国内知名的、专注于厨卫领域的企业的电话，这家企业来了解如何将教练运用到自己的企业中。当我问及为什么现在需要了解教练时，他们告诉我，他们希望 2016 年通过申请“最佳雇主”来提升企业的品牌软实力。因此，他们最近请了一家全球知名的咨询公司来做了员工满意度和敬业度的调查。然而，结果不容乐观。当询问如何改变时，他们听到最多的是“用教练辅导的方式领导员工”。

联想这几年所做的关于领导力发展的项目，有多少不是培养教练型领导的呢？成为教练型领导是企业领导者当前亟须实现的目标。希望本书可以帮助企业领导者成为教练型领导，并使他们发挥叩启的力量——叩人心扉，启迪心智。

在此邀请你，开启探索你的教练型领导的旅程，享受这个成长、成功、成就的过程。赋能他人，成就自己！

特别说明：因本书大部分图片是手绘图，所以全书图片并未排序。

目　录

第 1 章
定位教练型领导的角色

第 2 章
探索教练型领导的价值

第 3 章 教练型领导的内功修炼

第 4 章 教练型领导的教练辅导流程与工具

第5章
创建组织教练文化和留下传承

第1章

定位教练型领导的角色

1.1　教练的起源

这几年，教练型领导这个词在企业中经常被用到。杰克·韦尔奇也曾说：“一个好的 CEO 就是一个好的教练。”你要想成为卓越的领导，首先必须是卓越的教练。那么教练型领导需要必备哪些品质、心态和能力呢？如何才能够成为教练型领导呢？

在开始介绍教练型领导之前，先来了解一下教练的起源：教练是什么？教练的发展形式有哪些不同？这样会更有助于探讨教练型领导的话题。

提到教练，人们自然想到各种各样的体育教练，而女士们可能想到的是 Coach 的包包及它上面的四轮马车标识。那么教练的起源到底是什么呢？教练又是如何应用到企业中的呢？

科奇（Kocs）是匈牙利科马罗姆 - 埃斯泰尔戈姆州所辖的一个村庄，也是国际上普遍认为的 Coach 这个英文单词的发源地。1475 年，这个村庄制造了一种舒适的大型马车，以该村庄名命名为 Kocsi Szeker，意思是科奇马车（Cart of Kocs），随后简称 Kocsi。此款马车上市不久，就在整个欧洲变得非常受欢迎。不同国家也有各自不同的叫法，德语叫 Kutsche，法语叫 Coche，英语叫 Coach。所以说，Coach 这个词来源于一个小村庄的得名。

尽管在19世纪30年代火车和汽车逐步取代了马车，但是今天Coach依然作为交通工具被广泛使用。例如，在国外，Coach仍然用于指代“长途公共汽车”，而乘飞机时，Coach的舱位就是通常所说的经济舱。作为交通工具，Coach能够将乘客从A点载到希望到达的B点。此后，人们根据马车的功能，延展了Coach的隐喻功能。这里，马车帮助乘客从A点到B点，就像一个支持者，而真正决定去哪里的人是乘客。乘客能够规划自己的目标和方向、选择路线、做出行动。而马车的作用在于协助乘客更加有效地到达既定的目的地。

据此比喻和联想，到了19世纪40年代，Coach开始被用以喻指“私人教练”。体育运动中的教练想必取其内在的意义——教练通过不同的方式，使得队员和团队突破极限，最大化地发挥潜能，从而提升能力和动能，达到既定的目标，即赢得比赛。谈到这一点，大家可以去多看一些体育赛事和关于体育教练的电影，如《卡特教练》（*Coach Carter*）、《冰上奇迹》（*Miracle*）和《面对巨人》（*Facing the Giants*），这些都是非常棒的影片。

那么，体育中的教练是如何引入企业中的呢？

这要归功于一个叫添·高威的网球教练。

早在20世纪60年代，当时添·高威是哈佛大学网球队的队长，并在全美网球比赛中拥有骄人的成绩。1971年，他利用公休假的时间在美国加利福尼亚州开始教授网球。

有一天他在球场辅导时，突然意识到他的许多教学指导被学员认为是“命令和控制”的模式，这种模式会在很大程度上影响他们的学习成长和绩效发挥。

当探索更深时，他发现这样的模式阻碍了学员关注力的真正聚焦。他的好奇心促使他探个究竟。于是，他探索如何聚焦于学员的思维模式，从他们的视角出发，对于网球、身体和球拍采用直接的、不予评判的观察。然后依从自然反应来打球。通过减少干预，他使学员从经验中学习和享受过程。这样，学员才能真正发挥他们的潜能，打出出色的成绩。基于他的发现和实验，他在 1974 年出版了他的“内在游戏”系列的第一本著作《网球的内在游戏》。这本书的核心观点在于：

“无论你玩任何一种外在游戏，你的内心总有一个内在的游戏。而你如何进行内在的游戏则是决定胜败的关键。”

根据添·高威的观察和体验测试，每种游戏或活动都包含两个部分：外在的和内在的。外在的或表面的游戏就是和外在的对手进行对抗，

并超越外在的障碍，达到一个外在的目标。

内在的游戏发生在球员的内心。在内在的游戏中，球员面对的对手往往是自己，自己要克服一些障碍：恐惧、自我怀疑、失去专注力，以及无法打破限制性的信念或假设。

因为内在的游戏是克服阻止个人或团队释放十足潜能来达到绩效目标的自我设定的障碍的游戏，所以添・高威的核心意思是，你要突破自我限定的框框，真正地专注于自我内在的修炼，做到"放松地专注"。我想用中文解释就是"无为而治"。

添・高威计算绩效的公式是：

绩效（Performance）＝潜力（Potential）－干预（Interference）

如果你希望提升绩效，就要采取两种途径。一种是释放潜能和潜力。鼓励客户真正地相信他们有资源、能力，并告诉他们一切都是可行的。当客户克服自己的障碍时，内在的游戏才会被激活，兴趣才会被点燃，从而发挥自己的想象力，做到游刃有余。这样，客户才能享受游戏的过程。另一种是减少干预。当教练没有那么多评判时，就会减少干预。这样，客户会根据实际的状况来调整，通过尝试、调整，体验从经验中学习的乐趣。当客户真正释放潜能并主动拓展时，提升绩效就是水到渠成的事。

《网球的内在游戏》这本书一经出版，便迅速成为《纽约时报》的畅销书。添・高威也成为各个电视台采访的对象。据说，添・高威在美国广播公司（American Broadcasting Company，ABC）的电视频道接受采访并介绍他的发现时，AT&T 开始关注并联系他，并使用他的方式来培养公司的管理者。于是添・高威的革命性思想也就自然引入了企业中。他将运动场上的教练方式转移到企业管理和人生规划上来，通过改善被教练者的心智模式，来发挥其潜能和提升效率。之后，添・高威也为 IBM、可口可乐、苹果等许多著名公司提供教练支持。他本人也被认作美国运动心理学第一人和教练领域的先行者。

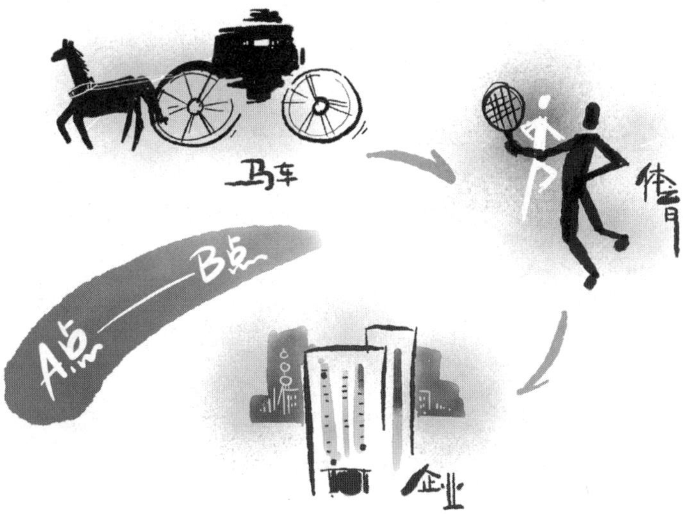

1.2　教练是什么

教练到底是什么？在回答这个问题之前，必须澄清几个概念。

第一，教练（Coach）是个角色定位和身份，在一般企业中，企业的管理者和经营者可能担当此角色。而在有些外企中，如思爱普公司和巴斯夫公司，则有专职的领导力教练。专职的领导力教练往往是由经验资深的管理者来担任的。

第二，客户（Coachee/Client）是教练辅导的对象，在企业中有可能是下属或者同事。当然，如果企业家和高管足够自信，那么他们也有可能成为下属的客户。阿里巴巴就有这样的案例：年轻的下属教练辅导资深的高管，这样高管会更了解年轻人的想法、思路、思维方式，以及知道如何从他们的视角看业务问题。

第三，教练辅导（Coaching）是应用教练技术与客户共创并实现他们想要的目标的过程，由一系列的活动和体验组成。

第四，教练技术就是在教练辅导中所应用的工具和流程。教练技术的应用范围非常广，如有家庭教练、两性关系教练、亲子教练、职业发展教练、体验教练等，而本书侧重的是教练在企业中的应用。

那么如何给教练辅导（Coaching）下定义呢？要想给出一个精准的定义非常困难，但可以从以下五个层面入手来梳理一下。

第一，教练辅导作为一个激发思想和创造伙伴关系的过程，旨在启发客户最大化他们在个人成长和事业发展上的潜能。记得曾经看到一幅卡通漫画，说的是鸡蛋从外面打破是食物，由内向外打破是成长。那么教练辅导的过程就是一个让客户自省自己优势和需要提升的地方，然后由内向外觉醒突破，跳出自己原有的框框，发挥自己的潜能，从而达到目标的过程。教练辅导之所以运用到管理中，道理也在于此。

第二，教练辅导是一个企业家或管理者的有效学习方式。在我辅导的高管中，每个人都是人中龙凤，智力超群。但他们为什么需要教练？原因在于每个人都有自己的优势和偏好，但同时也有自己的盲点和误区。而教练通过有力的问题和深层的倾听来开启对话，像一个回音板一样，让他们能够对自己产生更大的觉察，进行深度思考，从而引发行为的改变。

第三，教练辅导过程是结构性的对话过程。人们通常在遇到复杂的问题时会被问题所困扰，而问题本身其实很简单，但当人们聚焦在问题上时，它们就会被放大，这样就会使简单的问题复杂化。企业的管理者也往往乐此不疲，因为有些管理者自认为可以通过解决问题来获取成就感。但结果往往适得其反，最终被问题所困。这是典型的聚焦问题的思维模式。而教练辅导的过程，则是在人们遇到问题时，通过聚焦未来、关注结果和各种可能性，开放思维，寻求解决方案，从而激发人们自动自发的意识，提升人们自己寻求解决方案和对策的能力，并且积极主动地投入行动，享受过程，实现目标。教练的思维是聚焦成果的模式。

第四，教练辅导是教练和客户共创的过程。在这里，客户是教练生活和工作的原动力。所以教练关注的是客户的议题，而非自己的议题。这就需要教练必备某些特质和能力。放下自我，关注他人。教练没有预设的判断和设定，发生的一切都是现场自然产生的。教练和客户共同创造一个自我觉察、反思调整、启动智慧的系统。而这个系统包括不同层面，即包括个人、团队和组织或所有的参与者。

第五，教练辅导的过程其实也是教练自己修炼的过程，是自我觉察、自我认知、自我调整和成长的过程。在教练辅导过程中，教练不仅在帮助别人，同时也在成就自己。在教练辅导过程中，教练需要静下心来慢慢体会，用心、用脑、用情。在这里没有捷径。真正的教练型领导会以此为乐，因为他们可以享受到“百年树人”的成就感。那种传承者的感觉是用任何物质都无法换来的。

1.3　教练型领导与心理咨询顾问、商业咨询顾问、内部导师、培训师的区别

除了教练辅导，人们在企业中还常常听到其他几种学习和成长的方式，如心理咨询辅导、培训、商业咨询和导师辅导。那么这些方式的指导人员如心理咨询顾问、商业咨询顾问、内部导师、培训师和教练辅导的指导人员教练型领导有什么区别呢？

1．心理咨询顾问

在一些大型的企业中，会有一些员工支持项目（Employee Assistance Program，EAP）。大部分的 EAP 由企业外部专业的心理咨询师担任项目的心理咨询顾问。心理咨询顾问是指运用心理学的方法，对心理适应方面出现问题，并企求解决问题的求询者提供心理援助的人。企业的 EAP 旨在帮助职场员工来处理因痛苦、障碍和冲突等产生的心理问题。

心理咨询顾问通过提问来解决问题，但通常关注的是过去问题的来源及当下如何面对自己的情绪，以期从心理层面提升自己面对问题的能力，从而能用更健康的方式来面对问题。通常心理咨询顾问扮演着专家的角色，试图帮助或解决客户或员工的问题。

如果心理问题严重，则需要专业的心理医生进行相应的治疗。但是教练型领导不是心理咨询顾问，他不针对员工的过去，而是关心员工的未来。通过教练辅导，教练型领导相信员工自己有能力解决相关的问题。

2. 商业咨询顾问

企业有时也会引入商业咨询顾问。商业咨询顾问通常通过自己在特定领域拥有的专业知识技能来提供方案。他们通常会诊断企业所面临的问题，然后为企业提供解决方案。有时，他们也会为方案的实施提供帮助。例如，四大咨询顾问公司通常为企业提供战略或其他专业领域方面的咨询服务，然后企业会按照商业咨询顾问的方案来实施执行。

因为商业咨询顾问并不是企业内部的人，所以有时方案可行，有时却行不通。花很多钱买了咨询方案失败了的公司比比皆是。咨询方案能否成功，关键在于企业是否高度参与方案的制定过程。教练型领导不是商业咨询顾问，并不一定是某个领域的专家，不提供解决问题的方案。即便是，他也不会给员工提供方案，而是通过教练辅导，让员工自己发现并找出隐藏在内心深处的并且适合自己的最佳方案。

3. 内部导师

企业中的内部导师往往由内部的专家或高管来承担。他们基于经验，为组织内部的年轻高潜员工或职级比自己低的管理者提供一对一的经验分享和智慧传承。内部导师会提供建议、询问和辅导。企业中的内部导师项目的主要目标就是发展企业的高潜人才，提供发展通道，建立人才库。

内部导师通常会分享经验和传承智慧，帮助所辅导的人来扩展他们的人际关系，提供在更高级别管理层面前的展示机会，观察并给予反馈。同时，基于辅导过程的观察，内部导师也负责评估所辅导的人的潜能并向其相关负责人推荐是否可以被晋升到更高的管理岗位。

教练型领导不是内部导师，不会分享或给出建议，而是犹如一面镜子，反映所辅导的人的真实状况和局限，同时引导其看到更多的可能性。但内部导师往往需要具备良好的教练辅导的能力才能做得更好。因为缺乏教练辅导的能力，许多企业的内部导师项目也只是有“形”，而没有“神”和“魂”。好的内部导师项目是需要锤炼和时间来发展的。

4. 培训师

培训是基于现在或未来的需求来规划的将具体的知识和技能传输给学员的一个教学指导过程。培训师是指实现这个过程的人。培训课程是根据培训师或企业高管团队的某个目的来设定课程目标的。培训师更多的是关注自己的目标，而非学员的。当然，越来越多的培训师会在设定目标及课程规划时考虑学员的需求、特点、风格等，基于此来制定相应的教学方案和方法。现在，有些非常资深并具有教练背景的培训师则会应用教练技术来促动培训过程，从而使得学员收获更多。

培训是线性的学习方式，有具体的课程大纲做指导。教练型领导不是培训师，他不见得比员工懂得多，并不是填鸭式地把他的理念、知识和技能灌输给员工，而是支持员工发掘自己的潜力和智慧，从而丰富员工的人生和经历。

5. 教练型领导

教练是支持你实现目标，把目标转化为现实与成果的一套管理理念、工具体系。教练通过一系列有方向性、有策略性的过程，洞察被教练者的心态，向内挖掘潜能，向外发现可能性，令被辅导者有效达到目标。教练型领导则是将教练技术运用到管理和领导团队中的领导者。

因为各有所长，在企业中，人们需要通过不同形式的方式相互补充来加速人员发展。所以如培训、咨询等不同的学习方式会经常相互融合地运用在企业中。在做企业高管教练时，我会带上不同的帽子，如教练、培训师、商业咨询顾问等。你要知道什么时候应该戴上哪顶帽子。所以在企业中，领导也需要戴不同的帽子，根据实际情况和情境而定，不能以偏概全。

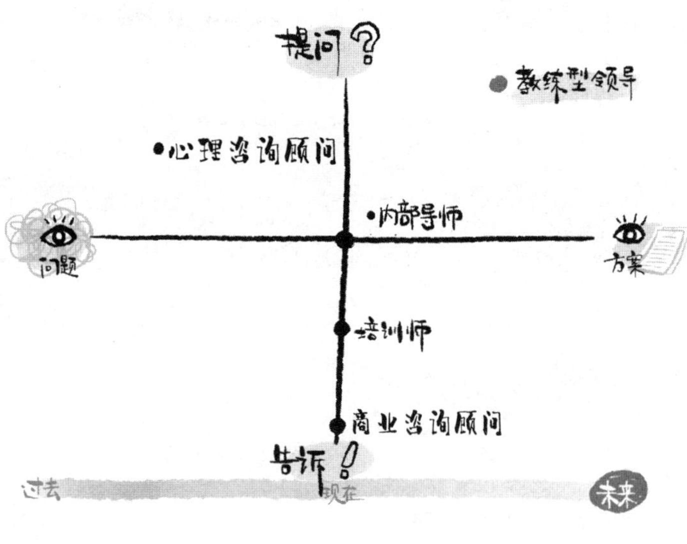

1.4　从老板型管理者转变为教练型领导

与传统的“命令和指挥”的老板型管理者不同，教练型领导会激发并释放员工的潜能，让其自动自发，提升效率和效能。在这个过程中，可以帮助员工更有效地沟通，更快速地成长，发展并运用技能，达到目标。

老板型管理者和教练型领导的区别如表 1-1 所示。

表 1–1　老板型管理者和教练型领导的区别

老板型管理者	教练型领导
命令 / 指挥 / 告诉 / 控制	提问 / 倾听 / 启发 / 赋能
解决问题的高手	赋能于人的高手
给予答案	让员工寻求答案
控制管理	授权激发
关注结果	关注过程和结果
关注短期绩效	关注短期绩效并兼顾长期效能
关注任务	关注任务和人员发展
授人以鱼	授人以渔，授人以欲

1. 从“命令 / 指挥 / 告诉 / 控制”到“提问 / 倾听 / 启发 / 赋能”

2013 年年底，我开始给一家德国药企做领导力发展项目。至今仍然记得总经理在开场时向参与的管理者讲的掏心掏肺的一席话："我们要改变传统的命令和控制的管理模式，转变思想，真正成为激励人心、启发他人的领导者。从告诉他们该怎么做到倾听他们的声音，通过有力的提问，让员工开始思考。这样，他们会更自动自发，更积极主动，才会想着贡献他们的聪明才智。这样，我们的企业才有希望。"

在过去机械化的时代或机械化的组织中，命令和控制的确产生了一定的结果，但很难产生创新性的结果。今天的时代，瞬息万变，市场、消费者、员工、企业运作方式都发生了翻天覆地的变化，传统的管理模式必须改变，才能适应新的变化和趋势。丹尼尔·平克在《驱动力（经典版）》一书中写道："员工的工作动机就是员工的个人发展。"但如何激发员工的动能，发展自己，同时也发展组织呢？他提到了三个方面：自主、精通和意义。

首先，给予员工自主的权利，激发他们寻找最佳的方式，做他们感兴趣的项目，并且相信他们能够做得比别人出色。

其次，每个人都有希望把事情做得更棒的原动力。微软曾投巨资做百科全书产品，但最终以失败告终。然而，维基百科横空出世，做得有声有色。没有一分钱的付出，为什么却使那么多大咖和专业人士心甘情愿地付出？其实没有别的原因，只因在付出的过程中能够体现他们的专精程度，并以此来追求他们的幸福感。

最后，人们需要找到工作的意义，通过提问和启发让他们发现真正的意义——拥有对愿景和目标的渴望和使命感，觉得自己已成为完成某个重要任务的一部分。这种感觉只能通过启发来实现，而不是告诉。

凯文·凯利的《必然》中有一句话，也是我经常说的："提问比回答更有力量。"一个好的问题会引发思考，开启探索，创造新的思维领域，挑战现状，面向未来。所以，教练型领导需要从有力的提问开始做起，学会倾听、启发和赋能，而不是命令、指挥、告诉和控制员工。

2. 从"解决问题的高手"到"赋能于人的高手"

人们经常在企业中看到这样的管理者，他们每天就像救火队员一样，奔赴各个硝烟战场，解决问题。在这样的管理者眼中，只有他们出现在现场，才可以搞定一切。在别人和下属的眼中，亦是如此。久而久之，他们"压力山大"，感觉自己像个陀螺一样不停地转，疲倦不堪。

问他们："你为什么这么累，干吗不让其他人干呢？"回答往往是这样的："没办法，他们干不了！"对于这样的管理者，究其原因，无非是"不愿、不敢、不能"。不愿，就是没有意愿让其他人做，有些人非常享受这种忙碌所带来的存在感；不敢，是担心授权失控，因此也不愿放权；不能，是的确没有可用的人，因为他们没有发展其下属解决问题的能力。所以他们需要事无巨细、亲力亲为地做所有的事情。

我小时候经常看一个《转花碟》的杂技节目。杂技演员一手握住五个支杆，每个上面都有一个盘子。他的本事就是让各个盘子转起来，如果哪个停下来，他所要做的就是给盘子加把劲，让盘子继续转动。他不仅可以轻松地转动盘子，还可以摆个让人拍照的姿势，最终赢得一片掌声。杂技演员不仅自身功夫了得，还能够让所有盘子一起转动起来，并且井然有序，这才是本事。

拥有像杂技演员一样本领的管理者，在工作中不仅能够做好自己的管理工作，同时能够将任务合理地分配给下属，让他们也能够发展“转动”的能力，这样，才能提高效率，激励人心。关于这点，韩都衣舍和优步便是最好的例子。韩都衣舍拥有“以产品小组为核心的单品全程运营体系”。每三人为一个小团队，根据市场的需求来设计、生产、销售和提供服务，并对各个环节进行全程数据化跟踪，针对每一款商品的精细化运营实现了“责、权、利”的相对统一。优步以“互联网+交通大数据”的创新模式，成为全球第一家通过智能手机应用软件实现一键实时叫车服务的互联网平台，而优步的每个城市站点只有一个三人团队。这种组织，赋能于人，授权于人，让下属和他人成为高手。教练型领导要成为“赋能于人的高手”,而不是成为“解决问题的高手”,只有如此，才能激发员工的动力，使之迎接挑战，创造更佳的业绩。

3. 从“给予答案”到“让员工寻求答案”

当员工遇到问题来找管理者时，告诉员工他们应该如何做，即给一个答案相对来说很容易，因为作为管理者，你有更丰富的经验和更精深的专业能力。此外，直接给予答案貌似还可以节省时间。但是，就在这个时候，员工失去了成长的机会，知其然，而不知其所以然。员工有发现问题的能力，虽然已经很好了，但作为管理者，还应培养员工分析问题和解决问题的能力，即“让员工寻求答案”，而不是直接“给予答案”。这样，他们才会举一反三，发展自己解决问题的能力。这样，你才会更轻松一些。那么如何才能让员工找出相应的答案呢？关键在于你如何提问。

4. 从“控制管理”到“授权激发”

在管理过程中必要的控制管理是需要的，如在整个项目起始点及关键节点，只有做到有效的控制管理，才能够确保目标的实现。但是，如果过于微观管理，如时时监控并检查每个细节，则不仅使你很累，也使员工很累，同时也遏制了员工的参与和创新。

1954 年，彼得·德鲁克在其名著《管理的实践》中最先提出目标管理，其后他又提出“目标管理和自我控制”的主张。德鲁克认为，并不是有了工作才有目标，而是相反，有了目标才能确定每个人的工作。所以“企业的使命和任务，必须转化为目标”。在确定目标之后，让员工自己来决定达到目标的路径，这样，员工才有参与感、掌控感和成就感。

比德鲁克所提倡的管理还高一筹的要数现在的“自组织”管理。2016 年 1 月 18 日受云学堂 CEO 丁捷女士之邀，我参加了他们公司组织的关于“打造微课众创时代”的工作坊，有趣的是，他们公司有些部门的目标都是自己来设定的，基本上相当于企业内部小的创业团队。尽管他们也有压力和挑战，但是他们玩得非常开心。海尔现在的做法不也是如此吗?

有效授权不仅是支持员工的激励因素，同时也是建立信任的一种方式。领导的授权对员工来说也是一种认可。当然,要想确保授权的成功，首先要考虑的是如何在授权之前先授能。所以教练型领导要学会“授权激发”，而不是“控制管理”。

5. 从“关注结果”到“关注过程和结果”

追求结果是企业的最终目标。如果没有结果，企业不可能有可持续性的发展。但如何达到结果，会给员工带来不同的感受。影响结果的有两个因素，一个是动力，另一个是享受度。最近这几年我给企业做了很多与领导力和教练相关的项目，其中大部分项目与员工的满意度和敬业度相关。

2015 年 12 月的某天，我接到国内一家知名企业的电话，咨询如何培养和发展教练型领导。当时我好奇地问：“什么原因使企业希望培养教练型领导？”对方回答，因为他们希望在 2016 年申请“最佳雇主”，所以他们请了一家全球知名的咨询公司做了员工满意度和敬业度的调查，但结果不尽如人意。这家企业虽然业绩不俗，但调查结果反映，在达到结果的过程中员工并不开心。

在达到结果的过程中，如果员工的动力因素来自外在的压力，他们“不得不”“不得已”“必须”“应该”这样做时，员工的享受度就会低；但如果员工的动力来自自我，他们“愿意”“选择”“希望”“能”“决定”这样做时，他们的享受度会非常高。关键在于管理者如何创造一种积极正向的文化，即大家愿意承诺，甘心付出，因为他们享受过程中的每个闪光时刻。他们在乎的不仅是结果和成就，他们更在乎的是与一群志趣相投、有相同价值、并肩作战的同伴的情感连接。在他们的记忆中，这些画面要比结果更清晰、更鲜活、更有意义。所以教练型领导要“关注过程和结果”，而不是只“关注结果”。

6. 从“关注短期绩效”到“关注短期绩效并兼顾长期效能”

从事销售的管理者常常感叹道：“我也知道培养和发展他人很重要，但没有办法，我扛着销售指标，没时间来做发展人的工作。”我的回答是：你现在感觉如何，如果你还可以扛得住，也没必要改变。但是当你带领的团队、区域和业务越来越大时，挑战也会越来越多。单凭你自己，就算你有三头六臂，也未必能够应付得了。具有前瞻性和愿景的管理者，不仅盯着短期的绩效，同时也把目光放得更远，两手一起抓：既关注短期绩效，又兼顾长期发展效能。所以教练型领导要“关注短期绩效并兼顾长期效能”，而不是只“关注短期绩效”。

7. 从“关注任务”到“关注任务和人员发展”

管理者之所以成为管理者往往是因为他在做员工时，能够把事干得漂亮，并且自己有意愿和潜能发展。这样，他才会被晋升到管理岗位。但是，当他的角色发生变化时，他的关注点、时间和精力的分配也需要做相应的调整。他需要投入更多的时间和精力来发展他人，因为他的目标，也就是团队的目标，不仅需要他自己，同时也需要团队成员来一起完成。

在约翰·麦克斯韦尔的《360 度全方位领导力》一书中，他把领导力分为五个层次，以此来阐释为什么下属愿意追随领导者，以及领导者如何赢得和扩大自己的影响力。第一个层次是职位（Position），因为领导者是他们的老板，所以不得不；第二个层次是许可（Permission），因为与领导者关系不错；第三个层次是产出（Production），也就是领导者很能干，下属愿意跟着领导者，可谓强将手下无弱兵；第四个层次是人员发展（People Development），因为领导者关注下属的发展，下属跟着领导者可以成长得更快，空间更大，挑战更多，玩得更爽，可以看到美好的未来；第五个层次是原则（Principle），领导者与下属有共同的价值观。只有关注员工的发展，才能激活员工的动力，而且这样动力才会持续长久。所以教练型领导要"关注任务和人员发展"，而不只是"关注任务"。

8. 从"授人以鱼"到"授人以渔，授人以欲"

授人以鱼，不如授人以渔；授人以鱼只救一时之急，授人以渔则可解一生之需。送给别人一条鱼能解他一时之饥，却不能解长久之饥，如果想让他永远有鱼吃，不如教会他捕鱼的方法。有鱼吃是目的，会钓鱼是手段。这句话也说明，要想真正帮助他人解决难题，与其直接帮他人解决，还不如传授给他人解决难题的方法，教会员工做事情的思路和方法。这样，他们才能变得更加自主独立，更加自信。

另外，"授人以渔，不如授人以欲"，在员工掌握了捕鱼的本领之后，更要激发员工上进的欲望，让他们树立自己的目标和信心。所以教练型领导要"授人以渔，授人以欲"，而不是"授人以鱼"。

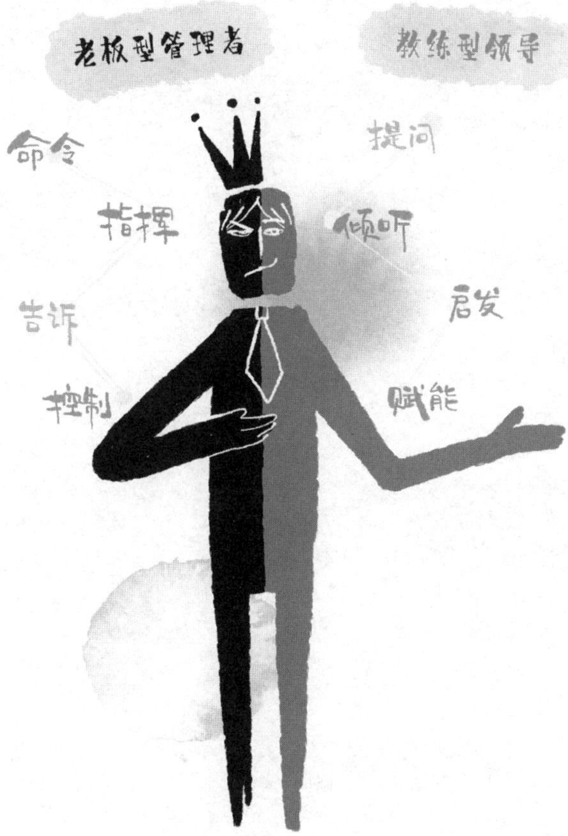
老板型管理者
教练型领导
命令
指挥
告诉
控制
提问
倾听
启发
赋能

第2章

探索教练型领导的价值

在做任何事情之前，人们都喜欢问问自己“为什么”。这个看似简单的问题的确可以使人们深思自己的意义和价值所在；探求深层次的动机，以及澄清为什么有必要做这件事情。这样，人们才会更加有动力，更加清晰达到目标之后所创造的愿景。

成为教练型领导，有必要吗？值得吗？答案显而易见。

2.1　成为教练型领导是全球化主题下领导者的必然发展趋势

全球知名高管教练马歇尔·戈德史密斯被誉为“全球顶级的 50 位思想家”之一，他参与了由埃森哲资助的“关于全球化对领导者产生的变化和区别”的调查，在此调查中，他在全球范围内采访了 150 位高潜质的领导者，他们非常年轻，但并不是当下引领世界的领导者，而是被视为未来的领导者。在采访过程中，采访者问了一个问题：“过去、现在和未来的全球化领导者的最重要特质分别是什么”，然后采访者分析研究过去的领导者和未来领导者的特质有哪些区别，以及未来领导力与过去领导力的主要相同和不同之处。这个调查研究发现未来领导力与过去领导力大概有 10 个非常有共性的特质，如有愿景、前瞻性等。无论是 1 000 年前，或者 1 000 年之后，这些最主要的领导力特质是最根本的。研究还表明，区别于未来领导者和过去领导者的最主要不同在于“未来领导者的五个特质”：

- □ 全球化思维。
- □ 跨文化欣赏。
- □ 精通科技。
- □ 建立联盟和合作关系。
- □ 共同享有领导力。

1. 全球化思维

在过去，大部分领导者只管理本国或者自己的区域，不需要担心如何管理来自世界各地的员工。但今天，越来越多的领导者突破了地域限制，管理着全球化的业务和员工。看看如今知名度高的公司，哪个不是如此。现在很多中国公司也是这样，如华为，70% 多的收入来自海外，而不是国内。对于我们咨询过的许多总部在国内的跨国公司，我们也有个非常重要的发现，那就是，尽管他们业务的疆域已经全球化了，但是，许多领导者的思维没有全球化。

即使本土的公司，客户和供应商也可能是全球化的。阿里巴巴已经连接世界各地的商户便是一个最好的证明。所以未来领导者的第一个特质是拥有全球化思维。

2. 跨文化欣赏

跨文化欣赏与全球化思维相关。多元化不仅指男女之间的不同，还有更多更深的意义，包括不同的文化、不同的宗教、不同的思维模式、不同的做事方式等。

记得十几年前曾经给一个全球知名的石油公司做了一个“跨越文化，高效工作”的项目。该项目需求源于中方和外方（来自 10 多个国家的人员）要在一年半的时间里合作完成一个项目，但因彼此不了解、不认可、互相看不惯，双方在作业现场打起来了。经过一段时间的工作坊互动及教练辅导后，他们逐渐变得融洽了，并且他们问了一个问题：“为什么在项目开始之前，我们不做增加了解的跨文化合作培训和讨论呢？”

如果在项目开始前就能够了解并尊重彼此的个性、文化、思维模式、工作方式，并且带着欣赏的眼光来合作，那么项目组在一起工作的效率则会大大提高。所以未来领导者的第二个特质是会跨文化欣赏。

3. 精通科技

并不是说领导者都要成为高科技的大咖，但是未来的领导者需要了解科技如何影响业务及人们的生活。领导者需要理解哪些科学技术影响价值链，哪些影响物流，哪些影响市场等。越来越多的领导者需要与时俱进，知道如何运用不同的社交媒体来保持不同业务的运营和保持持续创收。领导者不一定要精通所有的科学技术，但是他要了解科学技术如何改变和引领业务、消费者的消费趋势，未来新的增长点在哪里。

在阿里巴巴，有个逆向的导师辅导项目。不同于传统的经验丰富的资深管理者辅导高潜质的年轻人，他们的做法是让年轻人带资深的管理者，教他们如何了解最时尚的资讯和最前沿的科技。让职场老手们时时保持最先进的状态，与世界同步。所以未来领导者的第三个特质是精通科技。

4. 建立联盟和合作关系

在过去，领导者更多的是管好自己的“一亩三分地”，但今天和未来的领导者不仅需要在公司内部，还要在公司外部建立联盟和合作关系。在内部，与下属建立合作伙伴关系，而不是简单地指挥；与其他部门建立跨部门的合作关系；与上司建立合作关系。在外部，与你的客户、供应商、竞争对手（在某些领域是竞争对手，但在某些领域是合作伙伴）建立联盟和合作关系。所以未来领导者的第四个特质是建立联盟和合作关系。

5. 共同享有领导力

彼得・德鲁克曾经说：“过去的领导者知道如何告诉，未来的领导者知道如何提问。”现在领导者要管理越来越多的知识型员工，而这些员工可能比管理者知道得更多。所以，传统的告知方式，即“我比你懂得多，所以我告诉你如何做”不再那么奏效，领导者必须学会提问、倾听和学习，分享共同的领导力，这是一个共创、共进和共赢的过程。

总而言之，全球化的趋势使得现在和未来的领导者更应拥有教练的能力，即要去掉认为自己是专家的习惯，赋能于人，相信来自世界各地的员工是专家；要善于欣赏并尊重多元化，理解他人；要能够用双赢或多赢的思维模式，建立合作关系；要能够用倾听、提问、学习来激发员工的自动自发，让员工成为管理过程中的积极参与者，共享领导的魅力和快乐。所以未来领导者的第五个特质是共同享有领导力。

2.2　成为教练型领导是组织发展的需求

为了实现可持续性发展，组织会制定业务战略。而为了确保达到战略目标，组织还需要相匹配的领导力发展和人员发展战略目标。了解组织对领导力的发展需求，包括领导者的数量和质量、必需的技能和行为、确保成功的综合领导力能力和领导力文化，是组织需要执行的关键步骤。如何发展和提升领导力的综合水平的一个关键路径就是通过教练辅导来提供解决方案。

教练辅导在组织的不同层级中展现领导力发展的战略。在高速发展的市场，对领导者数量的需求快速增长。记得前几年看过麦肯锡一个关于全球领导力趋势的报告指出，中国具有全球化思维的领导者还是非常欠缺的。而教练辅导能够成为支持并加速领导者快速发展的最佳途径。这也是近十年来教练被快速运用的原因之一。

组织要想将一项组织能力，如创新能力，转化成自己的竞争力，可以充分发挥内部教练、团队领导、教练型领导的作用并将其融入各个层级中。

在我们公司所做过的领导力发展项目中，不仅通过 1~3 年的过程发展和提升领导者的综合能力；还通过设计一系列的活动，如培训、开展行动学习、持续进行一对一教练辅导、设置团队教练和同伴教练等形式来发展领导者的教练辅导能力，使之今后在工作中可以承担教练的角色和拥有教练的能力，这样才能逐步创建企业的教练文化。

2016年春晚期间，在由阿里巴巴发起的“集齐五福，领取大奖”的活动中，大家最难集到的福是“敬业福”。当时，朋友圈所求最多的就是它。我想这也是现实企业的真实写照：让员工敬业很难。但是，当企业的教练文化真正创建之后，不仅员工的敬业度和满意度会大大地提升，员工的士气和对工作的满意度也会提升，而且协同合作能力和对公司的信心也会随之提升，公司的氛围也会更加积极正向。所以，成为教练型领导是组织发展的需求。

2.3 成为教练型领导是领导者自身发展成长的需求

每个领导者都希望在发展他人的时候，自己也能够成长、发展和提升。成为教练型领导首先受益的是自己。常常听到管理者吐槽自己压力如何大，工作如何辛苦，天天疲于奔命，没有时间来思考自己的发展。

那么，为什么领导者会没有时间来发展自己呢？原因非常简单，因为没有给力的下属，所以许多事情必须亲力亲为。

人在职场，需要承担业务指标和绩效，领导者需要为短期目标而努力奋斗，所以他们往往冲在一线，做出表率。但是，随着领导的团队不断壮大和负责的区域不断扩展，领导者需要思考的是如何培养和发展团队的骨干，赋能于人，让他们有更多的担当和能力。

但培养和发展人才，并不是一朝一夕、一蹴而就的事；它需要有步骤、有计划的安排，尤其在过程中可能需要的时间和精力会更多。这样，既可以确保短期目标的达到，又可以从长远确保人才的发展和储备。当他们成为可用之才时，领导者就会轻松并且有时间来思考自己的发展。所以，发展员工就等于发展自己。

作为团队的领导者，不仅要善于埋头拉车，同时也要抬头看路，即看看团队前进的方向，看看自己发展的方向及看看员工发展的方向，为自己和员工的发展负责。所以成为教练型领导是领导者自身发展成长的需求。

2.4　拥有教练型领导是员工的心声

现在职场上的生力军当属 80 后和 90 后了。80 后的员工经过经验的积累、能力的提高和实践的历练，相对来说他们已经日渐成熟。而 90 后新生代的员工进入企业时，管理者颇有“我本将心向明月，奈何明月照沟渠”的感慨。90 后员工的管理成了许多管理者心中的痛点。其实，要想真正管理好他们，还要从“心”开始，了解他们的需求和心声。

90 后员工不喜欢单调呆板的工作和生活方式。工作对于他们来说只是兴趣的一部分，大多数 90 后员工不需要为钱或者工作而工作。因此针对年轻人的工作安排，既要目标清晰、条理清楚，又不能管得太死，度的把握很关键，华为在工作中的“灰度”大概就是这样解释的吧。

不仅如此，还要营造适合他们的文化氛围，让他们“如鱼得水”。90 后员工喜欢直接和平等的沟通方式，因此尽量减少一些中国传统式的矜持和迂回，采用更加简单、明确，甚至直爽的领导方式，效率反而会更高，也更容易为他们所接受。

同时，他们希望通过参与来体现价值感，而不是单纯被告知，如何引领他们积极参与，倾听他们的声音非常重要。90 后员工更加追求年轻化和个性，因此针对他们的组织安排和控制方式就不能一概而论，尽量营造轻松一点的氛围并留下适当的张弛空间，让他们可以发挥自己的优势和特点。

前一段时间，在网上看到管理 90 后的员工需记住以下法则，颇为感同身受。当然，这也说出了 90 后的心声。

- □ 重领导少管理——不是你有权力，而是你有魅力。
- □ 多聆听少洗脑——你不一定是对的，我有我思维。
- □ 讲结果少说教——你要的是结果，操作是我的事。
- □ 常激励少批评——批评令我反感，激励让我上心。
- □ 用问句少作答——请用我的大脑，拒绝只用手脚。
- □ 善用人少打磨——把我放到最合适的位置最重要。
- □ 多工程少模式——多建管理工程，少套管理模式。
- □ 推创新少照做——挑战权威、质疑传承、彰显个性。

总之，对于新生代的员工，无论是 80 后，还是 90 后，抑或进入职场的 00 后，多倾听他们的心声，从他们的视角来理解他们，多些尊重、聆听、欣赏、激励，才会彰显教练型领导的魅力。这样才会更加激发并释放他们的潜能。所以拥有教练型领导是员工的心声。

2.5　教练型领导给管理者、员工和企业带来的价值

在“教练型领导”工作坊中，我首先引导大家来讨论一个主题：“假如你是个教练型领导，谁将从中受益？他们将如何受益？”无一例外，回答往往会是：管理者自己、员工、公司。

我们在一家外资的房地产公司进行了一年的“教练型领导”培养，涵盖全国六个项目组，涉及 120 多位管理者。在回顾和总结项目时，我们探讨了教练型领导的发展给管理者、员工和企业所带来的价值。

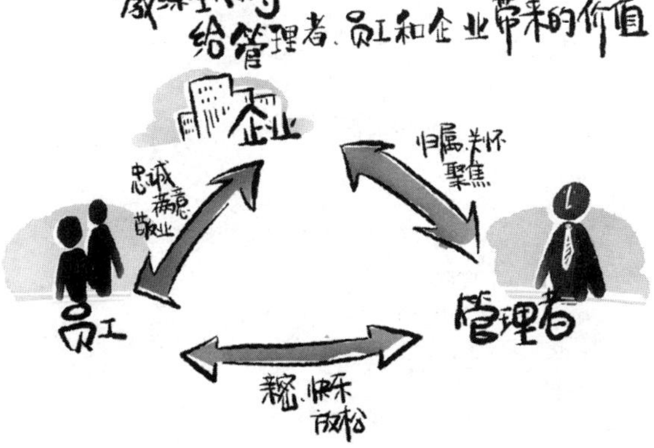

1. 给管理者带来的价值

- □ 使管理者的工作量减少了，并且使管理者有更多的时间思考更加长远的事情。
- □ 使管理者明显提升了管理能力和技能，从而有效地发展了员工。
- □ 使管理者实现了从“按照告诉你的去做”到“发展其能做的能力”的转换。
- □ 使管理者体现了“发展员工，实现自己”的价值。
- □ 使管理者体会到只有赋能并发展员工，才有时间和精力发展自己，而发展员工就等于发展自己的好处。
- □ 使管理者通过管理能力和领导力的提升，强化了自己在市场上的竞争力。
- □ 使管理者感受到了传承的力量并产生成就感。

2. 给员工带来的价值

- □ 使员工感受到领导对自己的信任、认可和尊重。
- □ 使员工更加自动自发、积极主动地工作。
- □ 使员工实现了从“让我做”到“我想做”的转变。
- □ 使员工通过发展，丰富了自己的经验，提升了自己的专业度。
- □ 使员工有机会展现自己，并提升自己的能力和绩效。
- □ 使员工提升了自己在市场上的竞争力。

3. 给企业带来的价值

- □ 提升了员工的投入度、敬业度和满意度。
- □ 提升了企业整体的绩效和结果。
- □ 加强了团队内部之间的合作。
- □ 创建了积极正向的文化氛围。

此外，管理者与员工之间的关系更加亲密；员工对企业会更加忠诚、满意和敬业；管理者也能在企业中找到归属感、聚焦自己想干的事情并且感受到企业对自己的关怀。

其实，作为教练型领导的另一个受益者就是家庭。当拥有了教练辅导的能力后，人们与孩子、配偶、父母和其他家庭成员的互动关系也会大大地提升，家庭的氛围和文化也会更加积极正向。

第3章

教练型领导的内功修炼

3.1　教练型领导的精髓与核心

成为教练型领导并非一日之功，也不是一蹴而就的，而是一个长期修炼的过程。在此期间，需要自己能够静下心来反思和内省、自我突破、改变行为，从而影响他人。这不仅需要足够的道行，也需要实践，反复调整，不断提升。

1. 教练型领导之修为（道，Being）

第一，先来介绍关于教练型领导的修为——当处在修为（Being）状态之下时，教练型领导就会非常开放，对将要发生的事情充满好奇，真正使用中立方式，处在远离建议和主观判断的位置上。因此为客户（本书将被教练辅导对象也称为客户，包括自己的下属、同事，甚至上司）创造出有足够的空间感和信任感的环境，并使客户愿意与教练型领导分享自己的想法。

第二，再来介绍中国人常说的“道法自然”，即任何事物都有其原则。如果人们遵循原则，则可以利用原则；否则，原则便会阻碍人们。如果不坚信客户才是他们自己在生活与工作中的专家，那么人们会忍不住提供各种建议，但这些建议往往并不奏效。

第三，成为教练型领导是一个自我学习和成长的过程。每个领导者都并非完美无缺，但是一个合格的教练型领导往往能够觉察自我的思想和行动，并做相应调整。

2. 教练型领导之实践（术，Doing）

一切都是实践。从“知道”到“拥有”的状态，需要漫长的过程，而实践是精通教练辅导的方法。对每一次教练辅导约谈而言，教练型领导不仅是在教练辅导客户的问题，更是释放客户的潜能，引发突破。在教练辅导约谈结束时，回顾教练辅导过程并从中学习。实践出真知灼见。

3. 教练型领导之拥有（智，Having）

当完全进入教练状态，并且具备了教练辅导的能力、方法和技巧时，人们就会发现自己真正拥有了教练智慧。无论是面对何种类型的客户、什么样的教练话题，人们都充满了自信并从容娴熟。一切尽在恰当的流动之中。

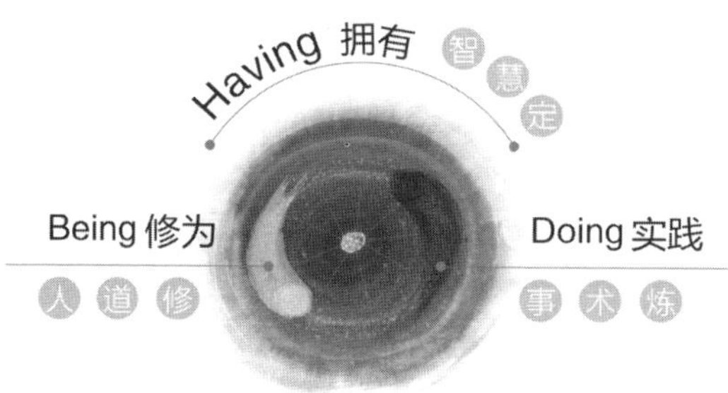

3.2 教练型领导的内功修炼之道

“道”是中国的一个概念，意思是“道路”“路径”“本源”，或者有时被称为“法则”或“原则”。在传统的中国哲学和宗教的语境中，“道”就是指对人生的理解或感悟。

《道德经》曰：“道生一，一生二，二生三，三生万物。”意指“道”是所有创造自然，以及自然变化的法则，是一切事物的规律，因此，“道”是一切的本源。教练型领导需要强化自己的内功修炼。这是重中之重，只有自己的修炼和道行提升了，了解并践行所应有的法则，人们才能指导自己，以便能够保持清醒的头脑和初心，使自己能够保持在做领导时的教练位置上。

在培养专业认证教练时，我们公司的“系统教练”体系以六大原则作为教练培养的基础。而这个基础也恰恰适合教练型领导的培养和发展。通过这六大原则来看他人，会产生很大的不同。

写到这时，适逢春节前夕，各个公司通过微信晒出了精彩的年会片段，有的是视频，有的是照片等。内心不由地感叹：员工在年会中能够奇思妙想、全情投入，玩得很嗨，为什么呢？正在这时，看到了智领荟（VHR）的创始人钱国新的一篇文章《怎样让工作也像办年会那么嗨》，这篇文章恰恰阐释了领导者如果能够践行这六大原则，那么员工的积极能动性和潜能一定能够发挥得淋漓尽致。

那么员工为什么会在年会上那么嗨呢？因为各公司的年会是老板和领导插手比较少、授权比较多的项目，员工可以按照自己的想法来玩；从构思到设计，从选人到编排，从策划到效果全都由员工自己负责，按照自己的想法发挥。这时不仅有了能动性和投入度，更多的是有了参与感和达到目标后的成就感。以下介绍这六大原则。

1. 心即理，知行合一

每个人心中都有类似地图的内在认知。正如王阳明在他的心学中所提到的“心即理，知行合一”一样，人们内在的思维地图决定着对外界客观事物或人的看法。如果你相信人们是可以的，那么他们就是可以的。一般来说，公司在招聘员工时，往往是看到他的优势，才会让他留下来的。但员工到岗后，有些领导者看到的常常是他的劣势，所以通常想“修理”他。其实每个人都有自己的天赋和专长，关键在于如何用人所长。

如果一个管理者在对员工进行了必要的培训之后，相信员工可以并且有能力承担任务和责任，那么他就会坦然授权，给员工提供可以展示的舞台和空间。即使在过程中出现了问题，他也会淡然处之，把这个当成发展员工能力的机会点。

我有个客户，暂且称它为 H 公司。这是一家发展非常迅速的公司。在初创时期，公司只有 20 多个员工，经过 11 年的发展，因为技术过硬、市场需求旺盛，现在的员工人数达到 18 000 多人。公司遍及全球，如中国、美国、中东、欧洲、南美和非洲等国家和地区。随着业务的壮大，公司管理层压力渐增。这些技术背景出身的管理者对于员工的管理无处下手。有一次，在采访一个领导 1 000 多人的业务单元的负责人时，他说出了这样的话：“让他们做，还不如我自己做呢！”问及为什么时，他道明原因：害怕出错和担心员工做事不靠谱。所以他就会很累，员工也非常纠结。

其实，领导就是个平台的搭建者，平台搭好了，接下来，就是如何让员工在平台上尽情地展示了。领导要相信员工能胜任工作，那员工一定会给领导意想不到的结果，而这个结果往往是超出领导预期的。

2. 相信“人们富有创造力、存在无限可能性且是完整的”

相信“人们在自己的生活和工作中都是专家，富有创造力、存在无限可能性且是完整的，并且能够完美地完成自己正在做的事情”。

人们都是“完整”的，没有人是“破损”的。你也许认为有些人更聪明、更快乐或者更富有潜能。例如，迈克尔·乔丹在他的圈子中是非常成功的。但是事实上，他只是发挥和运用了他的天赋和潜能，因此才取得成功。如果他能行，你也能行，因为你已经拥有了成功所需的资源。

领导者应该相信员工是拥有资源的。这个资源包括员工的各种能力、技能、思考方式等。这样，领导者才能摆脱事无巨细的微观管理，时时监控；才能给员工创造成长和发展的空间和机会。如果不相信员工拥有资源，领导者就会事事考虑周全，从自己的角度来提供各种帮助，以爱护的名义剥夺了员工被发展的机会。想想看，在家庭中，为孩子提供一切的父母，会有什么结果？同样，在工作中，如果领导者亲力亲为地包办本应该员工做的事情，那么员工也会失去成长的快乐。

要相信，人们富有创造力、存在无限可能性且是完整的。

3. 相信“任何一个行为背后都有一个正向的意图”

在不同的场景下，每个行为都是有用的。相信“任何一个行为背后都有一个正向的意图，人们所做的事情都有一个正向的意图”。不管人们是否意识到，人们的意图总是会想得到有利于自己的结果。有些行为可能被人们认为是负面的，但当人们理解了背后的意图时，就不会那么想了。

在生活和工作中，人们都会观察到与期望不一致的行为。在一次课程中，当我们讨论正向意图时，一个学员分享了一个案例。有天下班回家，他先生和八岁的女儿正在煮咖啡。看到这种情境，她立刻就爆发了，劈头盖脸地对先生吼道："你怎么可以让她喝咖啡呢？闺女才八岁，咖啡含有咖啡因，对小朋友身体不好，难道你不知道吗？"可想而知，后面发生的场景。我问道："那现在想想先生这样做的正向意图是什么？"她说道："正向意图有很多啊。首先这是父女俩温馨互动的时刻，他们很享受一起煮咖啡的过程；先生希望让女儿品尝不同的味道；先生教女儿如何给妈妈做咖啡；等等。如果当时能够看到正向的意图，我就不会有那么多预设和评判了。"在领导者与员工之间又何尝不是如此呢？当看到员工的行为与你期望的不一致时，想想员工的行为背后是否有正向的意图，或者用提问的方式来看看员工这样做的原因，这样，领导者就不会有那么多批判之声了。

4. 相信"人们总是在当下做出最佳选择"

人们的自然倾向决定人们无论在何时何地都会做出最佳选择，所以要相信"人们总是在当下做出最佳选择"。如果还有更好的选择，人们会接受的。人们基于自己独特的个人经验来做出选择。即使选择在外人看来是不正确或非常怪异的，但依然是人们当下最好的选择。用自己的"世界地图"看事情，则会认为在那个时间、那种情况下，那是最佳选择。在做出选择时，人们不能够预测不理想的结果。否则，人们会避免那样选择。

人们每天都在面临不同的选择，也在做出不同的选择。人们经常听到管理者会对员工说："你为什么会这么做呢？" 言外之意，你真的不应该这么做。但是当员工做出选择时，他也是做出了当下他认为的最佳选择。

就好像我经常举到的例子。结婚许久的朋友，有的时候会抱怨："我当初怎么嫁给了你（或者娶了你）？" 现在回看恋爱的时候，你可能有不同的选择，但你最终选择了他（她）作为你的另一半，那是因为综合各种因素之后，他（她）是你当时的最佳选择。同样，员工在工作中的选择，也是当下最佳的选择。那么，作为领导，你的责任是如何通过教练辅导提升员工做出最佳选择的能力。

5. 相信"没有失败，只有反馈"

要相信"没有失败，只有反馈"的原则。

爱迪生在发明电灯的过程中，曾经"失败"了很多次。但是，他自己不这么认为。他还有句名言："我哪里是失败了几千次，我只是找出了几千种不能成功地获得爱情的方法罢了！"

是的，没有事情是失败的，只有有用的反馈。在通往期待成功的路途中，"失败"是人们需要纠正的反馈。人们可以负面地给没有成功的事情贴上"失败"的标签，或者正向地视其为反馈，能够使自己寻找逆转的机会或提升的信息。

当深思策划的机会出现问题时，大多数人都会认为自己失败了。在仓促地下这个结论之前，人们是否应该暂停一下并问一下哪种方式更有利于自己：视其为“失败”或一种非常有用的反馈。将其视为“失败”，那么人们在未来类似的计划中，因为缺乏信心，则将更容易放弃。“失败”是个死胡同。而反馈则赋能人们纠正行为并重新检核精力，为结果而奋斗。

人们需要持续了解是否在达到结果的正轨上前行。反馈给人们提供了一个绝佳的机会：获取更多的信息以便持续前进，或者学习如何克服在成功之路上出现的无法预测的障碍。有了反馈，人们会知道自己的进展情况如何，或者正在取得成功或者已经成功了。

反馈是正向的并使人具有成长型的心态，而失败是负面的并使人具有限制型的心态。这两种思维模式存在非常明显的不同。反馈使得人们从错误中学习。例如，人们必须更加用心，改变行为或调整优先顺序。而失败则会引发不利的情绪。例如，会使人们的信心消失，自我形象变得糟糕，或者使人们缺乏进步动力，最后导致成就很低。

如果习惯性地认为没有失败这回事，则会停止失败。如果自始至终都将失败作为一种反馈，并认为它对成功有利，那么，成功就会相对容易实现。

6. 相信“每个问题都有应对的方案”

如果你真正相信“每个问题都有应对的方案”，你就能找到方案。对于出现的问题，能找到解决方案的人往往坚信每个问题都有相对应的方案。

在生活中，每个人都会遇到不同的问题。如果你相信每个问题都有对应的答案，那么问题对你来说就已经不算问题了。坚信的力量会让你积极寻找解决问题的方法和答案。一旦找到方法，问题就会变成可解决的事情了，并且解决它也不用花费太多的精力。生活的节奏就会变得更加流畅。通过持续相信“每个问题都有应对的方案”这个信念，你开始收获得更多。

美国国家航空航天局天体物理部前主任，查理・佩勒林博士曾经说：“你的关注点在哪里，你的能量就流向哪里。如果你聚焦在方案上，那么你将得到更多的机会；如果你聚焦在问题上，那么问题就会变得更大。”

聚焦于解决方案的教练型领导就是要关注方案，而不是关注现在的问题或导致出现问题的原因。要强调正向的成果和聚焦成果的正向思维。

如果领导者能够真正相信以上六大原则，那么员工会用负责、积极的心态来工作，他们就会全情投入、兑现承诺，他们的潜能也会得到最大的发挥，从而也会得到更佳的结果和绩效。人们看到的不仅是员工的改变，同时，作为领导者的你也在改变着：从事无巨细、亲力亲为的控制和命令型的管理者，转变为更加开放包容、更善于充分授权、更加注重员工成长过程的教练领导，你会更加从容笃定，更加自信。这时，教练型领导的魅力也会开始展现并绽放，你会更关注如何建立积极正向的团队氛围和搭建一个良好的平台，让员工成为台上的主角。

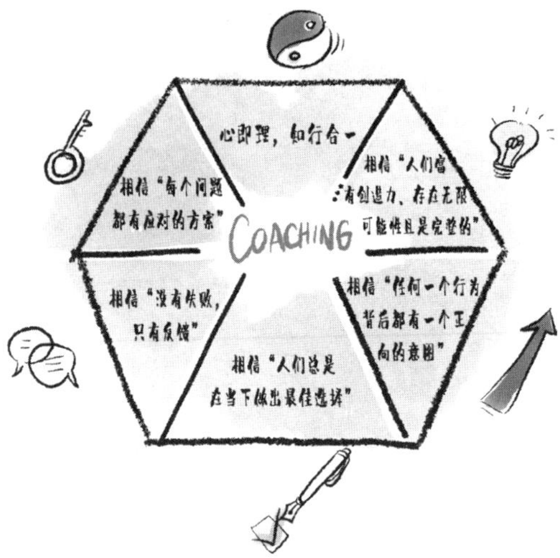

教练型领导的六大原则

3.3　从上下级关系到伙伴关系

老板型领导与员工的关系是上下级关系，而教练型领导与员工的关系则是伙伴关系，就像两个跳探戈的舞者一样，他们相互支持、共同成长、共同创造、共同享受、共同达到目标和结果。这支探戈是否优美，取决于员工的创造性，他们才是驱动力。但真正的挑战往往是领导者是否能够放下自我，保持教练的位置，进入有意识的无知状态。这样，领导者才会用心倾听，了解现状和问题，才会提出有力的问题，让员工来思考、反思、变化、行动、成长。这时，真正的辅导才会开始。那么，什么是教练位置？如何保持教练位置，又如何进入有意识的无知状态呢？

处在教练的位置就是指处在全方位的觉知状态，并用开放、灵活和自信的方式与客户构建共情关系。教练位置的把握是成为教练型领导最关键的因素。

1. 保持好奇之心

在铃木俊龙所著的《禅者的初心（珍藏版）》这本书中，他提到了“初始者的心”，这是一种禅者修炼中希望达到的状态和境界，就像出生的婴儿对这个世界充满了好奇之心并保持开放之心一样。这种好奇心使他们想对这个世界探索得更多、更深。教练型领导在教练辅导员工时，也需要保持这样的初心，你才会保持清晰的头脑和开放的心态来看待员工做事情的想法和做法，顺其自然，不做过多的干预。除了好奇之心，领导者还需要保持开放之心、包容之心和接纳之心。

2. 保持中立状态

教练辅导时，领导者需要保持没有判断和不给建议的状态，即一种清空和中立的状态。领导者没有预设的判断，没有迫不及待地想给答案的冲动，没有想控制一切的欲望。只有这样，领导者才会用欣赏的眼光去看待新的事物，聆听新的想法，接受新的视角和认可不同的建议。但要想拥有这种状态，是知易行难。

在一次领导力发展的工作坊中，有一位学员分享了一个例子。她的上司是一位做事细致、风格严谨的女士，所以事必躬亲，落实到位。她与上司合作多年，知道上司非常能干，凡事希望做到尽善尽美，追求极致。有一次，上司与她沟通并强调要改变领导风格模式，所以这次要充分授权给她，让她独立按照自己的想法来完成任务，达到目标。并且跟她说："尽管按照自己的想法放手干吧，我会支持你的！"

但后来她慢慢地发现，每隔一段时间，上司都会检查一番，然后把她的思路调整一下。渐渐地，她发现还是需要按照上司的思路来做，否则上司会不停地修正她的做法，直到满意为止。直到跟我沟通这件事情时，她还是觉得愤愤不平和不被信任，并感叹道还不如刚开始就被告诉该怎么做，白白浪费了很多时间。

奥托·夏莫在他的《U 型理论：感知正在生成的未来（全新升级版）》中所谈的 U 型理论探索就是一个修炼的过程。这个修炼的过程是建立深层次领导力的关键因素。

在 U 型理论探索的下沉过程中有几个步骤：暂悬、转向和放下。暂悬自己的经验和关注自己的思维模式，在要下判断时，先按一下暂停键，让自己暂停给出自己想法和结论的冲动；转向由外至内的思考，从他人的视角来看，将整体的视角融入更大的系统来看，这样才会有换位思考和产生同理心的能力；放下自己的执念，感知当下，感知对方，保持空杯的心态。

作为经验丰富的领导者，往往有自己固有的思维模式、条条框框、习惯方式和经验之谈。当看到新鲜的事物和不同的想法时，如果没有充分的意识，就有可能扼杀新鲜的事物，因为新事物有可能与众不同并且威胁到现状。那么就没有办法实现吐故纳新，更新迭代了。

如何克服内心的"评判之声、嘲讽之声和恐惧之声"，真正做到没有判断呢？关键就在于"打开思维、打开心灵、打开意志"。唯有如此，才能真正地进入“自然流现，连接源头”的状态，理解自己，理解与你互动的个体、团队和组织，找到真正的意义和使命，从而实现走出 U 型底部并一步步向上飞跃的升华。

3. 抽离和融入之间的平衡

在做教练辅导时，领导者就是享受当下，自然呈现，同时也灵活自如，与员工共舞。你能够感受员工的感受，与他们有连接。这时候，需要你有足够的同理心并与员工同在。但与此同时，领导者还需要时时可以进入抽离的状态，关注整个辅导过程的框架并让员工跳出自己的思维模式，开始挑战并引发思考，促动员工突破，从而创造不同。这种平衡看似容易，实则很难。

领导者与员工互动时，很容易陷入当下的某个事情和情绪之中，在里面一直打转，很难跳得出去。这需要领导者有自我觉察和自我管理的能力，说白了，需要非常高的情商才能做到。领导者具有融入的能力可以提升对话的质量和加深探讨的深度，因为可以感同身受，理解员工；但领导者抽离的能力可以让自己有宏观的视角，引领员工面向未来和结果产生更大的突破，以发展和提升员工的能力。

4. 给足“留白”空间

小时候，我特别喜欢画画，常常惊叹于中国画的美。中国画的风格往往寥寥几笔，或山或水，或花或鸟，或风或云，或高或低，或远或近，或虚或实……非常之美，耐人品味。中国画的“留白”之艺术更是让人叹为观止。

中国画中的“留白”，按照中国哲学理念来解释的话，“白”就是“无”，也就是“虚”。这种空白，就是气，并随着画中所绘形成了一种动势，向一定的方向运动着，这就是“气局”。一幅画，不在其画幅大小，而在其“气局”要大。有的画即使咫尺也有千里之势；有的画幅即使再大，如果气是散的，也形不成“气局”。因此，中国画讲究布局：舒卷开合、舒放开来、气盈六合、卷合起来，可藏于密处。其中“气局”、气运之妙，就赋予了中国画生命和活力，产生了画中的动感和局势。

“气局”就是画中的空白，与画的布局、构体之间的虚实关系。画中的结构有一种饱满的张力，布局空白之处令人感觉有气之充溢流动，气势有一定的方向感，在画中流动，趋势相生，形成了画中风水。这样，就形成了一个圆通的“气场”。这种空白、虚实相生，无画处皆成妙境；这种无笔墨处深藏寓意和情感，深思遐想，体会无穷。

作为教练型领导者，在通过有力的提问之后，要给员工足够“留白”的空间和时间，让他们开始思考、开始探索和开始发挥想象力。他们需要为他们的未来愿景去描绘和布局。不是吗？

5. 保持自信，发展适合自己的风格

每个领导者都应该有自己的教练辅导风格。人们常常研究和羡慕伟大领导者的风格，但杰克・韦尔奇也好，马云也罢，他们的风格不一定就适合你。我相信从伟大领导者身上可以学习到很多东西，但一定要根据自己的特点和员工的特点，如性格、背景、发展阶段、年龄等来进行调整，灵活多变地发展自己的风格。这样，你才会在辅导过程中更加高效，收放自如地展示自信和幽默，从而产生自然流动的能量

和出现顿然开悟或醍醐灌顶的时刻。

3.4　教练型领导应该具备的能力

金庸先生笔下描绘了非常多的武功高强的武林高手。这些高手武功了得，个个都有自己的天下无敌的功夫。而且成为盖世英雄之前，他们都要经历夏练三伏、冬练三九的考验。其实，要想成为教练型领导，也和练功颇有相同之处，也必须掌握一些关键的能力，这样，直到有一天，才可以练得真经，做到游刃有余，拥有大道无形的道行。

教练型领导所需要具备的能力有许多。按照专业标准教练的要求，国际教练联盟（International Coach Federation，ICF）需要专业教练掌握八项能力。而在此，我希望提炼最主要的三项核心能力：积极聆听、有力提问和有效反馈。这三项能力相互支持，相互作用，相辅相成。另外，具备这三项能力的前提基础是相互尊重。

教练型领导需具备的能力

1. 积极聆听

积极聆听的能力是教练型领导所必备的关键能力，同时也是许多企业所建立的管理者和员工胜任力素质模型中的重要核心能力之一。在我们服务的客户中，几乎无一例外地可以看到“沟通能力”会出现在他们的胜任力模型之中，而且是至关重要的能力。其中有效聆听又是沟通能力的关键环节。人们一直有个误区，往往认为只要有两只耳朵就能够聆听了，实则不然，听得见和听得懂完全是两回事。

在沟通中，聆听是准确接收和理解信息发送者意图的关键步骤。因为文化背景、知识结构、语言、组织能力、性格、经验等因素的影响，每个人的表达方式和沟通方式也有所不同。所以要想清楚掌握对方的信息和真实意图，唯有积极有效地聆听。聆听的结果是对方认为你听懂了，你才真正地懂了。

那么怎样定义积极聆听？积极聆听是一种完全聚焦于客户所说出和没有说出的内容，根据客户的意图来理解客户所陈述的意思，并且支持客户自我表达的能力。在繁体字中，“聽”是个典型的象形字，意为：“以耳为王，借十目以观，系乎一心。”在聆听时，需要用耳、用目、有心。

另外，在这个字中，还有一个“王”字，代表要把说话的那个人当成帝王一样来对待，充分尊重对方：专注、专心和参与。那么如何才能真正有效地聆听呢？以下介绍“五位一体”的聆听模型。

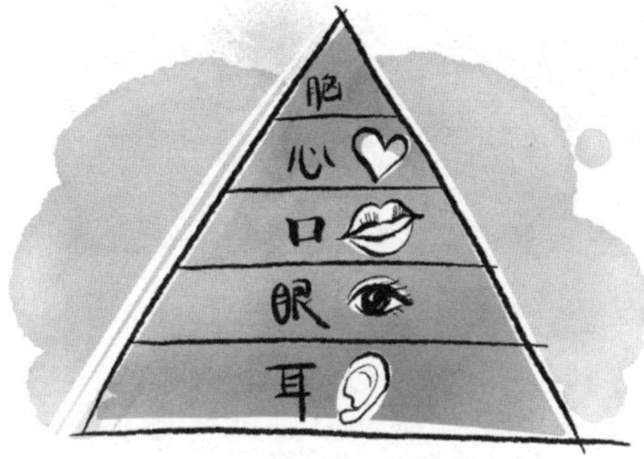

“五位一体”的聆听模型

（1）用“耳”聆听

用耳朵来聆听对方的内容信息有三个层次：第一个层次，聆听对方内容的完整性和对方的用词，聆听对方都说了些什么；第二个层次，不仅要聆听语言文字说出来的内容，还要聆听言外之意、弦外之音和只可意会不可言传的内容；第三个层次，用耳朵聆听对方的语音语调、说话的速度和观察非语言行为来获取对方的真实意向。

多年前，我有一位同事，绝对属于知性气质女性：端庄大方、温文尔雅、和蔼可亲。与人谈话时，声音非常之动听悦耳。一天，她接到一个电话，不知电话另一端的人说些什么，但是听到她的回答是这样的：“生气？谁说我生气了？我一点都不生气！”如果仅从内容上来看，她想告诉对方，她没有生气。但是从她的语音、语调来看，她已经怒发冲冠了。后来才知道她当时正处在情感危机中，这样的表现也非常正常。

（2）用“目”聆听

用眼睛来聆听就是要善于观察，察言观色，知道对方所处的状态到底如何。俗话说："耳听为虚，眼见为实。"就是说只片面地接受语言信息，而忽视对方的非语言表达，就会使得到的信息不完整。当对方言行不一致时，你可能要花点时间来看看到底发生了什么。

有一次，我与一个德资化工企业的高管客户有个教练约谈。我们约在上海越洋广场一楼的一个咖啡厅里。10 点钟到了，客户也准时到了，但从他的言谈举止之间，我观察到他心事重重。于是我就问道："今天到底怎么了？我感觉你现在有心事。"于是，他告诉我刚刚去医院做了体检和化验，结果并不理想。接着，我们就探讨了关于健康的话题，而并不是我们计划中关于工作的议题。用眼睛来聆听，可以让你更多地来观察对方的身体语言和体察隐性的却重要的东西。而这些内容往往是非常关键的。

（3）用"口"聆听

杨澜有本书叫《我问故我在：杨澜访谈录》，这本书中整理汇总了她所采访的节目。不仅是她的节目，所有高质量的访谈类节目的共同特点是他们都会提出高质量的问题，然后让被访谈的对象畅谈他们的故事。采访者只是一个载体，通过他们的提问来发掘关于他人的故事及背后的意义。

上帝造人时，给了人们两只耳朵和一张嘴巴。意思就是让人们多听少说。在繁体字"聽"中，"一"代表的就是闭上的嘴巴。当你聆听时，闭上嘴巴，别打断对方，这样才能听到完整性。但这并不意味着你任何话都不讲，毕竟沟通是个双向互动的过程，沟通中也需要给予相应的反馈。

在对话过程中，用“口”聆听有两层含义。第一，用一些象声词来表示认可和确认。例如，在聆听的过程中，会用到“哦，啊”或点头让对方知道你在聆听。这种不断的确认会让对方感到轻松，觉得你能真正听懂他，理解并尊重他。这样，对方更容易表达自己的思想，同时也更有助于建立互信关系。第二，沟通过程中，人们往往需要通过反馈信息和提问等方式来保证沟通的畅通。所以人们会在聆听中提出问题。一般可以提以下四种问题。

①核实澄清：目的在于核实对方的信息，如“我的理解是这样……你的意思是……你所说的是不是这样……”

②鼓励继续：目的是鼓励对方继续讲更深层的意思和了解更多信息，如“还有呢？”“结果呢？”“接着又怎样了？”等等。

③征求看法：如“关于这个事情，你的看法如何？”

④升华意义：“这件事情对你的影响又是什么呢？”“展望未来，你又有什么想说的？”

在沟通过程中，多听少说，我想 20/80 法则也可以应用在此。用 20% 的时间说，最主要用来提出有力的问题，而用 80% 的时间，关注并聆听对方的声音、他的所思所想。

（4）用“心”聆听

多年前，苏芮有首歌叫《牵手》，红遍大江南北。我觉得所唱的情境正是用“心”聆听和用心感受的过程。

英文中有两个词，“Sympathy”和“Empathy”。前者是同情，如对方如果处在伤心的状态，你深表同情，这是 Sympathy；而后者则是移情、同情、同理心，源于“人同此心，心同此理”这句话，意思是能够设身处地站到对方的立场和视角来体会感受，并体会另一个人的情感的能力。能够理解对方的情绪状况，如开心、喜悦、困惑、沮丧、无助、悲伤等。用“心”聆听就是能够感受对方的感受，能够换位思考，将心比心。对方能够感受到心与心的连接和深层次的对话。

（5）用“脑”聆听

在对话和沟通过程中，聆听是为了理解对方的真正意图，而理解之后，要追求沟通的结果。所以，聆听之后需要头脑来做出细致的分析，以及采取后续的行动。这样才能达到沟通的目的。

我经常让大家做一个关于聆听的练习：在家里，聆听你的孩子或另一半五分钟的话，感受一下在这个过程里你有哪些察觉和发现，同时也感受一下对方的变化。或者找出工作的场景，聆听同事或下属的话也可以。大家可以试试看。

2. 有力提问

爱因斯坦说过：“如果我有一小时来解决问题并且我的生活全靠这个方案，我将用 55 分钟来确定恰当的问题用于提问，因为我知道有了正确的问题，我能够在五分钟内解决问题。”提出正确的问题比给予答案更有力量。这也是为什么有力提问是教练型领导又一个关键的能力。

那么什么是有力的问题？有力的问题有哪些特点呢？

战略问题应用的先行者弗兰·皮威这样描述问题：“问题就像一支

用来撬开粘在颜料罐上的盖子的杆子……如果杆子太短，只能撬开罐子上的盖子。但如果有个长一点的杆子，或者更用力，就会把罐子打得更开些并且真正开始搅拌起来……如果运用正确的问题并且挖掘得更深，那么就能搅动所有的富有创造力的方案。”这是关于有力的问题的生动形象且非常棒的隐喻。

有力的问题具有以下特点。

□ 启发人们更深地探索关于生命、价值和希望的想法。

□ 激发脑力震荡和深度反思、发现更深层次的意义。

□ 拓展更多可能性或者关注点。

□ 把冰山下面的假设显现出来。

□ 刺激好奇心和创造力。

□ 帮助推进事情。

□ 聚焦未来和成果。

□ 产生思想火花，提升能量，并且促动变革。

□ 由内向外转变观念。

□ 引出更多高质量的问题。

当人们认为某人学识渊博时，就会说这人特有学问。学问不仅代表的是知识体系，还代表在有学识的过程中勤学好问的风格，即学会如何提问。有力提问可以改变你的整个生活，能够释放隐性的能量，展现你的真我；有力提问可以完善策略，解决问题；有力提问能够赋人以能，让对方更有信心；有力提问可以打开思路和选择，拿出意想不到的方案；有力提问可以产生冲击，促动转变；有力提问可以问到不敢问的问题，让人正视事实；有力提问可以创造不同。

（1）有力的问题的框架

有力的问题往往有三个维度：逻辑层次、系统思考和思维模式转变。

首先，逻辑层次维度可以让人们能够清楚地体会问题所带来的力量，而这个力量可以从两个层面来体会：激励程度和行动速度。

其次，系统思考维度就是将自己置身到更多的系统中——影响范围会更大，同时影响的意义会更深远。

最后，思维模式转变维度就是指当人们从以上两个维度中体验到了高峰的体验时，那种豁然开朗的变化，而这个变化是彻头彻尾的变化——心态模式、心智模式和行为模式上的变化。

1）第一个维度：逻辑层次（激励程度和行动速度）

当一个问题被提出时，它能打开人们的思想并产生创造力和可行性，也能限制人们的思想。有趣的是，如果你了解逻辑层次的话，你就会发现逻辑层次低的问题的力度较弱，而逻辑层次越高的问题的力度会越强。

以下先介绍一下什么是逻辑层次。

逻辑层次最早是由人类学家格雷戈里·贝特森提出来的，并以伯特兰·罗素的逻辑和数学理论为基础。后来由神经语言程序（Neuro-Linguistic Program，NLP）学家罗伯特·迪尔茨经过提炼和发展而形成了一套非常系统的思维模式，并在 1990 年开始传播介绍，用于学习、沟通、自我反思、解决问题、激励，厘清人生意义等。

逻辑层次的形成有一个内在的等级思维体系或层次，而且自下而上，层层递进——环境、行为、能力、信念 / 价值观、身份和愿景。层次向上递进时，心理能量也随之上升，对个体的反思和冲击力越大，视角也越来越宽，意义也越来越大。

环境：在环境这个层次包括了事情发生或行为产生的外界条件和背景，即人、事、物、时、地等具体的信息，回答了“何时？何地？何事？何人？”等与事情相关的问题。

行为：在行为这个层次关注行动和策略，即具体采取的行动和实施的方案。回答的问题是：“我具体做什么？”“过程如何？”

能力：能力这个层次关注能力和资源，是指要想拥有渴望的身份，应该具有的能力。针对这些能力核查哪些已经具备，哪些需要获得。回答的问题是：“如何才能做到？”“我的能力如何？”

信念 / 价值观：信念 / 价值观这个层次与价值观和信念相关。为了配合上述的渴望的身份，你需要怎样的价值观和信念。回答的问题是：“为什么我渴望成为那样的人？”“我为什么做（不做）？”“有什么重要的意义？”“对我的好处、收益和影响是什么？”

身份：身份这个层次主要界定自己的定位和身份，即以什么身份来思考人生的意义。回答的问题是：“我是谁？”“我想成为谁？”

愿景：愿景这个层次连接了自己与世界上其他人和事物的关系。从个体角度来看，就是人生的意义和使命。从企业角度来看，就是对社会的贡献。回答的问题是："除了自己，还有谁会从中受益？”“如何创造更大的愿景？”

为了体验以上这些问题所带来的力量，以下来看一个例子。假如你希望有所改变。以下从不同层次来进行提问，以使你全然地体会一下不同层次的问题给你带来的体会、感受和力量。你准备好了吗？

“你真的想改变吗？”

“你想在何时何地做出改变？”

“你想改变什么？”

“你将如何改变？”

“为什么改变对你来说如此重要？”“为什么在此时做出改变？”

“当你改变之后，你又是谁？”

“当你改变之后，还有谁从中受益？”

再如，你希望成为教练型领导，也可以问以下问题。

“你真的想成为教练型领导吗？”

“你想在何时何地成为教练型领导？”

“你如何做可以成为教练型领导？”

“你有什么能力可以成为教练型领导？”

“你为什么想成为教练型领导？”

“教练型领导对你意味着什么？”

“当你是教练型领导时，你注意到自己有哪些不同？”

“当你是教练型领导时，还有谁会从中受益？”

当你从开始的“Yes/No”问题逐步一层层递进，到“为什么”，再到“你是谁？”，再到“还有谁？”时，你会注意到这些问题激发你更深层次的思考和更加触动你内心深处，让你探索更深层的意义、愿景和使命。这就是有力的问题，即能够激起关于价值和意义的更深层次的探索，并且点燃创造力和承诺度。

在探索逻辑层次时，可以“从下而上”，从环境到愿景。同时，也可以从上而下地探索，这样，带着新的体验和新的身份认知，被辅导人会更加充满动力，优化自己的能力和行为。继续以上面的“改变”为例子，继续提问：

“当你感受到你的变化给周围的人、团队、组织带来如此巨大的影响时，这时你会注意到什么？”

“带着改变后所拥有的新身份（改变之后的定位），你有何感受？”

“新的身份，对你又意味着什么？”

“你就是（你要成为的那个人），你会如何完善你的能力？”

“你就是（你要成为的那个人），你现在会做些什么？”

感受上面的问题之后，不难看出：在逻辑层次的高层次（信念/价值观、身份和愿景）上提出的问题更能激励他人，激励程度会更强；带着高层次问题的思考，再来看低层次的能力、行为和环境，则会让人们加快行动的速度，以及增加信心。

2）第二个维度：系统思考（影响范围和意义）

就像弗兰·皮威所谈的，当使用短杆问题时，搅动的范围就小。但当运用长杆问题时，撬开的范围更宽阔，那么看到的画面也会更宏大。同时，使你与他人、团队、组织和社会有了更多的连接。这就是在第一个维度上更深层次的关于精神方面的需求：如何传承自己的知识、技能和能力，以及如何贡献和反馈于社会。而这个需求往往也是很多人所追求的。如果一个领导者没有这种传承的精神，那么他很难踏踏实实地发展员工。关于第二个维度上的提问示例，具体如下。

“改变之后，你想成为谁？”

“除了自己，还有谁可以从中受益？”

“你的变化将如何影响团队未来的发展？”

“你的变化将如何支持公司？”

“你的变化将如何贡献于社会？”

“当你成为教练型领导时，除了你还有谁从中受益？”

“当你成为教练型领导时，将对团队成员有何影响？”

“当你成为教练型领导时，你将如何支持团队未来的发展？”

“当你成为教练型领导时，将对公司又有什么影响？”

“当你成为教练型领导时，你就掌握了教练的能力，如果将此能力运用到家庭中，又会对家庭带来哪些影响？”

从上面的问题中，可以感受到问题逐渐地扩大了探寻的空间和范围，迈向更大、更广、更宽、更高的系统。

关于系统的问题应该与所在的能力范围相匹配。否则，它就看似太大、太远，人们就会感到远超于可控范围之外，因而也就降低了实现目标的动力。只有当人们可以对问题采取行动时，才能够产生即时的影响。如果问题太大，则需要逐步分解，这样，人们就能够开始行动，实现目标。

3）第三个维度：思维模式转变（心态、心智和行为）

有力的问题也能够对人们的思维模式和看问题的视角产生强烈的自我觉察，从而引出“啊哈”的经验，然后发生观念的改变。这样，人们看待事情和他人的视角也会发生巨大的变化，能够真正地换位思考。

我曾经在一个企业的教练能力培养工作坊上现场辅导了一位管理者，他大概 40 岁，在事业和家庭生活中的各方面都不错，妻子与他谈过，希望要一个宝宝。但是，他与自己父亲的关系是水火不相容，这使他对于父亲这个角色心有余悸。在辅导过程中每每提到父亲时，他都会不舒服。经过辅导，他心理上的感受稍微好点。在辅导快要结束时，我问道：“在未来，你希望成为什么样的父亲？”“我们今天的谈话将在未来如何影响你与你的孩子的关系？”“你希望孩子从你身上继承的品质是什么？”这些问题真真切切地打动并激励他如何承担责任——对自己、对孩子、对父亲、对今后家庭的互动关系。

当人们的心态能够更正向积极地去看待事情和人时，人们的心智模式，即根植于人们心中的关于自己、别人、组织即周围世界的假设、成见、印象、故事和认知的定式思维和惯性，也会做相应的调整。无论是彼得·圣吉的“深度会谈”“系统思考”还是奥托·夏默的“U型理论”都是让人们对自己有更多的察觉、自我反省、学习、创新和变革，打开头脑、心灵、意志，善于驾驭并改变心智模式，能够成就一个“全新的自我”。接着，当人们的心态和心智模式发生积极的变化时，人们的思维模式也会随之发生正向变化，从而使行为模式做出正向的调整，聚焦正向未来的结果。

（2）掌握有力问题——问题清单举例

1）教练辅导中的合约问题

- □ 你想从我们的教练约谈中达到什么目标？
- □ 在教练辅导结束时，你希望获得什么成果？
- □ 在我们对话结束时，你希望带走什么？
- □ 你想关注什么话题，这样可以更加高效并完整地利用我们的时间？

2）描绘未来图画/愿景的问题

- □ 假如你已经达到了你的目标，它看起来、听起来和感觉起来应该是什么样子的？

- □ 想象一下你渴望达到的状态，那是一种什么状态？
- □ 五年之后，你希望能够成为谁（什么样的人）？
- □ 当你 80 岁时，回首看看，关于自己你会想说些什么？
- □ 你希望的最佳团队应该是什么样的状态？
- □ 想象一下我们将成为一个什么样的一流团队？
- □ 假如两个团队消除了冲突，你希望看到两个团队理想状态下的互动方式是什么？

3）探索价值和兑现承诺的问题

- □ 为什么这个议题对你来说那么重要？
- □ 为了使你的梦想成真，你将做出哪些承诺？
- □ 在 1 到 10 的刻度尺上，1 代表最低分值，10 代表最高分值，你的承诺度在哪里？你能够做些什么以提升你的承诺度？
- □ 在前进的道路上，也许会有些困难和风险，你将如何确保你一直在正轨上？你如何克服困难，规避风险？

4）聚焦现状的问题

- □ 如果回答了哪些问题，能够对未来（具体情境）产生不同？
- □ 关于……（你的具体情境），哪些对你来说重要？你为什么会关注？
- □ 我们真正关注的是什么？能够真正让我们愿意尽力的真正意义

是什么？

- □ 从目前的情况来看，我们能够看到的机会是什么？
- □ 对于现状，你已知道的信息有什么？还需要哪些信息？
- □ 对于现状，你需要测试或挑战哪些假设？

5）连接想法与追求更深层次的直觉 / 洞察力的问题

- □ 当我们讨论时，你有什么想法？当不同建议表达出来时，你听到了什么？我们真正的关注点到底是什么？
- □ 现在正在生成的是什么？你有什么新的连接？
- □ 关于你所听到的，哪些是意料之中的？哪些是意料之外的？你的挑战是什么？还有哪些没有想到？还需要澄清的是什么？
- □ 你从中学习到了什么？有了哪些领悟？有了哪些新的发现？
- □ 我们需要做的下一个层次的思考是什么？
- □ 如果有“房间里的大象”还没有被讨论，那会是什么？

6）向前推动进程的问题

- □ 关于这件事情，能够做些什么来改变现在？
- □ 关于这种情境，什么将使我们全情参与和全力以赴？
- □ 有什么可能性并且谁真正在乎？（而不是关注“哪里错了？谁应该负责？”）
- □ 要想推动此事，我们需要立即关注什么？

- □ 如果可以确保成功，我们会选择什么大胆的方法和步骤?
- □ 我们能够如何相互支持，采取下一步行动? 我们每个人需要贡献什么?
- □ 我们可能碰到什么障碍和挑战? 我们将如何应对和克服?
- □ 如果从今天开始，我们用什么方式对话，能够掀起涟漪效应，从而能够对未来创造新的可能性?
- □ 我们今天种什么，能够使未来结出不同的果?
- □ 在我们的组织中，需要什么变化?
- □ 如何改变目前现状，来达到我们理想的状况?
- □ 这些变化将如何产生?
- □ 你可以想象用什么方法来应对现在的变化? 还有哪些方法可以尝试?
- □ 我们有哪些可以做出改变的选择和可能性?

7）行动方案的问题

- □ 除了你，谁还需要了解你的愿景和目标? 你还需要谁来参与?
- □ 你将采取哪些行动来达到目标?
- □ 你第一步会怎么做? 还有哪些步骤?
- □ 关于这些行动步骤，你的时间如何安排?
- □ 谁来跟踪? 如何来跟踪行动步骤?

8）刻度尺的问题

在从 1 到 10 的刻度尺上，1 表示最低分值，10 表示最高分值。

- □ 你现在的满意度在哪里？对话结束时，你希望能够达到几分的满意度？
- □ 从 7 分到 8 分，需要做些什么才能达到？还可以做什么能够使分值更高些？
- □ 当你达到 9 分时，你怎么知道你达到了呢？
- □ 当你达到 9 分时，你注意到有什么不同？
- □ 当你达到 8 分时，你的团队成员注意到你在哪些方面表现不同？
- □ 为了从 5 分到 8 分，你将做哪些不同的事情？
- □ 当你达到 7 分时，你的情境 / 项目 / 关系又会是怎样的呢？
- □ 当你达到 8 分时，你看起来和听起来有什么状态？你感觉又如何呢？

9）奇迹的问题

- □ 假如你有魔力，能够将困难和问题一扫而光，你会做什么？
- □ 如果奇迹会发生，你能够得到想要的东西，你会做什么让这一切发生？一旦你达到了，你注意到什么？你能看到什么？听到什么？感受到什么？

10）“假如”框架的问题

- □ 假如你持之以恒地历练教练的能力，一年之后你将是个什么样的领导者呢？
- □ 假如时间可以快进，你马上要退休了，你的团队和公司将给你办一个退休派对，你所带出来的下属如今也是非常棒的管理者，你希望他们对你说些什么？
- □ 假如你已经拥有了幽默感，你会用什么不同的方法来向客户介绍我们的产品呢？
- □ 假如你是老板，你会如何做呢？站到另一方的角度来看，你会如何看待这件事情呢？假如有个摄像机在记录着我们团队的互动和动能，你会注意到什么？
- □ 如果你已经拥有了所有的信息和资源，你将如何来做呢？
- □ 假如每天我们能够改变一点，那么假以时日，这些变化将如何影响自己、团队和组织？

3. 有效反馈

在教练辅导下属时，人们还需要掌握的能力就是直接沟通，就是能够用清晰、直接并产生最大限度的正向影响的语言，有效沟通和给予反馈；重新组织并有效表达，从而帮助被辅导的对象从另外的视角来理解他希望得到的东西或不确定的事情。在直接沟通中，有效反馈是关键的核心。

在个人和组织发展中，有效反馈是非常重要的要素。在许多企业中，管理者通常只有在一年两次的绩效评估中给予反馈，而这远远是不够的。对管理者而言，反馈是规范下属行为、帮助下属学习、实现更佳业绩的重要手段。在工作中给予反馈也是管理者的必要任务，让下属知道他们目前做得如何，下一步如何做。如果下属在正轨上，给予肯定。如果下属的行为和绩效跑偏了，需要及时调整和纠偏以支持他们形成良性的行为和达到成功的绩效。而对于下属来说，这也是一个提升自我能力和进行职业发展的机会。然而，在现实的管理实践中，反馈为何总是出现问题？管理者能做些什么来提高反馈效果？

关于给予反馈，以下分享一个 BASIC（基本）原则。

□ 以行为为基础（Behavior based，B）。

关注下属的行为，而不是判断下属的人品或行为，因为每个人关于同样一件事情的看法有可能是不同的。

当收到评估时，尤其是负面的反馈，人们很容易进行自我防卫和自我保护。给予反馈的目的是提升和改善，所以如何用正向和建设性的方式给予反馈，让下属能够看到利他的一面并容易接受并采取相应的调整的行动是至关重要的。

举例说明，如果你跟下属沟通说：“你这人态度有问题！”对方的立即反应就是：“我怎么有问题了？”“态度问题”只是你的个人判断，而非事实。从对方角度来看，他听到的是个人攻击和偏见，所以很难接受。

如果你这样反馈，情况就会不同："从上个月的销售数据来看，你的销售指标下滑了 15%。而在这个领域你又很强。所以，我非常好奇，是什么原因导致了销售的下滑？"这种反馈的方式基于事实，描述行为，邀请对方以开放的心态来探讨如何解决这个问题。

□ 及时恰当（As soon & appropriate as possible，A）。

当你观察到某些事情或者行为需要反馈时，越及时越好。当你及时给予认可时，这会鼓励和强化员工正确和良好的行为，使之继续保持其状态；当及时给予建设性的反馈时，员工会做及时调整，确保后面的行为和绩效。如果等到绩效评估时再谈，可能为时已晚。

在给员工反馈时，要注意自己和对方的情绪状态。如果两个人都处在负面的情绪之中，很容易运用极端负面的语言。这样的反馈，反而会与想得到的结果背道而驰。如果处在情绪之中，首先要等到自己和员工的情绪平静时，然后再客观地给予反馈。

□ 具体（Specific，S）。

在给予反馈时，要具体并给出实际的例子，而不是泛泛而谈。就员工所在的具体领域和行为进行反馈，用事实和数据来清楚地陈述，而不是模模糊糊地敲边鼓。

避免使用"从不、总是，一直、经常"等类似的语言。例如，"你总是做事不靠谱""你经常迟到""你从来不积极参加团队谈论"等。因为这样的语言往往是以偏概全的个人看法。对方也会容易进行防卫反击。

□ 影响（Impact，I）。

讨论下属的行为和/或绩效会给他自己和他人所带来的影响。当从你的视角给予反馈时，使用“我”的陈述。这样，会避免给人贴标签。例如，我在读MBA时，有一个团队成员基本在我每次发言时，都会打断我。这时，我可以运用更多“我”的语言来陈述。“当我的发言被打断没有表达出我的想法时，我感觉失落不爽，团队也会失去从另外的视角看问题的机会。我真正希望看到的是在我下次发言时，请让我先表达出我的观点，你认为怎么样？”而不是“你总是打断我，你让我感到不爽，正是因为你，所以，我才没有机会表达……”前者“我”负责，承担沟通与反馈的责任，积极主动；而后者则被动，推卸责任。

□ 一致性（Consistent，C）。

反馈的标准应该有一致性，否则会给接受者带来困惑。例如，你的下属给了你一份报告，你对他反馈道：“这份报告非常棒。第一，有报告总结，让我一目了然；第二，逻辑清晰，容易阅读；第三，报告的附件材料准备得非常充分、细致等。”员工因你对他的认可和赞扬而感到非常开心。但如果两星期后，员工又给了你类似格式的报告，你告知他：“这报告怎么写的？有没有用心？”这时员工就会不知所措，一片茫然。

衡量反馈质量的最主要的标准就是反馈结束时，你和下属是否都从中有所学习和成长，并且你们之间的互信关系是否会更进一步。

反馈是一个双向互动的过程，需要对方参与，而不是你单向地告诉。在这个过程中多提出问题来澄清事实本身，启发对方思考，想出改正或调整方案。在这个过程中你不仅有效地给予反馈，与此同时，你又展现了如何有效地接受反馈。

有效反馈是个人成长中的重要工具。恰当使用，可以帮助提升管理能力，以及帮助他人成长和提升业绩。练得越多，就会用得越好。

给予反馈练习

1. 选择一个你想要给予反馈的人（可以是你的家庭成员、朋友、同事等）。
2. 想想你要给他怎样的反馈？反馈后会得到怎样双赢的结果？
3. 你的反馈会在什么情境 / 环境下发生？（这个情境 / 环境一定要能最大限度地促使对方接受你的反馈。）
4. 思考一下这个反馈与你自己有何关联？
5. 为了使你的反馈更具建设性，你还需要什么资源？
6. 给予反馈前，你如何确保你们之间建立了强有力的亲和关系？
7. 想象一下你正在给予对方反馈，对方正在以你希望的方式接受反馈。
8. 现在从这个情境中抽离出来，仿佛你正用旁观者的眼光观察你们之间的这个反馈过程。你是否需要其他的资源以使这个反馈过程更加具有建设性？
9. 想象一下你们双方都从这个反馈过程中有所收获，即你们的关系得到了加强。
10. 你从整个反馈过程中学到了什么？

第4章

教练型领导的教练辅导流程与工具

实践出真知。要想成为教练型领导，需要无数次的练习和反思，逐步提升教练辅导的能力。那么，本章着重介绍可以用于提升教练辅导能力的流程、方法、工具和技能，以帮助读者成为教练型领导。

4.1　教练辅导流程

教练辅导的流程即 CREATIVE[1]，这个简写又是中文意思是“创造性的”英文单词。其实，教练型领导与被教练辅导对象在进行教练辅导时，也是一个共同创造的过程。教练辅导的流程（CREATIVE）可以帮助领导者更好地进行教练辅导对话，达到目标，以下具体介绍。

1. 进入教练状态（Coaching Presence）

教练状态是一种全然地、有意识地与被教练辅导对象创造出一种自然关系，保持开放、好奇、灵活、自信，以及以被教练辅导对象为中心的能力。

然而什么是状态呈现呢？状态呈现就是一种存在，即展现的状态，或者由内而外的仪态。状态呈现与人们的修养或修为相关。例如，芭蕾舞舞者在台上表演时，使用一定的呈现方式，表现出放松、沉稳和优雅的状态；独裁者使用他的呈现方式，表现出具有威胁性和控制性的状态；国王和王后使用他们的呈现方式，表现出庄严、壮观和令人

1　CREATIVE 为 Coaching Presence，Reaching Agreement，Evoking Awareness，Take Action，Impact for Now and Future，Value Review，Encouragement 的英文首字母缩写，即教练辅导流程的英文简写。

臣服的状态；护士使用他们的呈现方式，表现出笃定、关爱和慈祥的状态。所以，状态呈现就是一种存在的方式。

以下来看一下教练关系。教练关系是一种教练引导被教练辅导对象来发现他自己个人和职业的目标、结果、行动和旅程的关系。那么，状态呈现对于教练意味着什么呢？教练状态就是一种关注当下、此时此刻的行为，有时，它会被描述为一种与之共舞和流动的状态。这就是一种存在的状态。

如果教练要展现出与被教练辅导对象共创过程的全然投入，则需要教练保持开放性、好奇心和体验性，对被教练辅导对象负责并与之同频。此时，教练与被教练辅导对象是合作伙伴。这个非常重要，因为在教练辅导谈话中，不要分析、判断或建议被教练辅导对象应该去到哪里或者他们应该做什么。教练将他的状态完全聚焦于被教练辅导对象整个人、隐喻、象征符号、行为、思想、感受、想法、产生成果的方案（聚焦在被教练辅导对象的思考、感受、自然呈现、调查、探索的事情上）。

教练状态是一种全心投入的存在方式。它让人们在教练辅导中全身心地与被教练辅导对象保持合作伙伴关系。

教练的状态一定会影响教练约谈。所以，作为教练，你需要将自己的状态调整到一种中立、无预测、无判断、无建议的状态。那么，你就能够开放自己的思想和心灵，保持好奇心地来帮助被教练辅导对象达到他们希望达到的目标，关注他们的议题，而不是你的。

以下不同的方法可以使你清空自己的想法，提升能量和保持平静的心态并且聚焦于当下在做的事情上。

方法 1：正念冥想

a．找到一个安静、舒适的地方。保持你的头部、颈部、背部直立，但不僵硬,坐在椅子上或席地而坐。将过去和未来的事情统统放在一边，只关注当下。

b．注意你的呼吸。随着呼吸，留意从体内吸气和呼气的感觉。感受你的小腹的起伏，空气进入你的鼻孔以及离开口腔。留意每次呼吸方式的变化，感受这些变化。

c．留意进来和跑掉的每一个念头，无论是担心、害怕、焦虑还是希望。当想法进入脑中时，不用忽视或压制它们，只是简单地注意到它们，保持镇定并用你的呼吸来体会。

d．如果发现自己被一些想法带走了，观察一下你的思想去到哪里了。没有判断，只是简简单单地回到你的呼吸上，即使做了判断。记住不要对自己太严苛。

e．快结束时，静坐 1~2 分钟。注意你现在在哪里。慢慢起来。

方法 2：放松反应

a．找一个安静的地方，舒适地坐下。尝试放松肌肉。

b．选择对自己有特殊含义并可以让你感到平和的一个字或词语。或者你也可以试着发出“Ham Sah”的声音。“Ham Sah”是梵文真言，意思是“我是存在”。

c．当你吸气时，慢慢地发出“haaam”的声音，就像你正在泡热水澡一样。当你呼气时，慢慢地发出“saah”的声音，感觉就像在叹气一样。

d．慢慢地并自然地呼吸。由鼻子吸气并停留几秒。从口中呼出时，也停留几秒。

e．别担心你做得好不好，如果有想法或情绪进入头脑，也不用感到糟糕。只是简单地对自己说“好吧”并回到练习中。

f．结束时，继续留意你的呼吸，静静地坐着。注意到现在身在何处，慢慢地睁开眼睛，慢慢地起身。

方法 3：建立亲和关系

牛津字典这样定义亲和关系：“一种存在于人们或群体之间相互理解他人感受或想法并有效沟通的亲近及融洽的关系。”

建立亲和关系即建立有效的人际融洽关系，需要两个基本因素：“自信”和“坦诚”。

当有亲和关系时，被教练辅导对象会感到安全和舒适，他们更可能打开自己并对自己诚实，以及对提出的话题感到舒服。

建立教练和被教练辅导对象之间的融洽关系需要以下几种方法。

- □ 尊重被教练辅导对象。
- □ 接受被教练辅导对象是生活中的专家的观点。
- □ 遵守教练原则。

□ 匹配肢体语言、语调、节奏、韵律、音量。

□ 保持开放心态。

□ 保持灵活性。

□ 回放被教练辅导对象的关键词。

其他可以帮你聚焦的方法如下。

□ 消除干扰。

□ 一次只关注一件事情。

□ 活在当下。

□ 休息一会儿。

□ 听听喜欢的音乐。

2. 签订合约（Reaching Agreement）

教练合约是一种协议，包括设计被教练辅导对象通过教练对话想达到的目标。

在教练合约中，包括六个规划性问题。

设定目标：你想从教练对话中达到什么目标？对话结束时，你想带走什么成果？你想如何充分有效地利用我们的教练约谈？你想要什么？

探寻价值：为什么对你来说那么重要？

检核标准：你怎么知道你达到了目标？

采取行动：需要采取什么行动?

管理风险：前面会有什么潜在风险或挑战? 阻碍目标达到的障碍可能是什么?

后备计划：你将如何克服这些风险和挑战? 你将如何确保一直前行?

此外，关于成果框架的目标设定有四个特征。

① **积极正向：**目标应该使用积极正向的陈述语言。如果被教练辅导对象陈述自己不想要的，那么就问问："取而代之，你想要的是什么? "

② **可以控制：**被教练辅导对象可以掌控结果。如果被教练辅导对象不能掌控结果，在教练约谈中再谈，也是毫无意义的，所以聚焦在他能掌控的事情上。例如，被教练辅导对象陈述道："我想通过教练约谈在某方面改变丈夫。"这时，你可以问被教练辅导对象："改变你丈夫这件事情在你的可控范围之内吗? "如果被教练辅导对象说："不在。"然后再问："那么，你可控的是什么? "

③ **SMART：**结果应该是 SMART 的。SMART 是指具体的（Specific），可衡量的（Measurable），可达到的（Achievable），现实但具有挑战性的（Realistic but challengeable），有时限性的（Time-bond）。当被教练辅导对象描述 SMART 目标时，你可以再进一步地让他创造出当目标达到时的视觉场景，包括他看到的、听到的、感受到的……然后，将这个场景保留在脑海里作为迈向未来状态的心锚。

④ **生态平衡：**成果应该保持生态平衡。例如，这个成果将如何匹配人生的目标? 它如何与团队和组织的目标匹配? 你的目标对你的利

益相关人有益吗？它与你的价值观相符吗？

3. 唤醒觉察，探索体验（Evoking Awareness）

教练聚焦于成果、方案和未来的结构性对话。就像人们在直升机中从不同视角来观察目前正在发生的事情一样，教练探索和体验被教练辅导对象希望达到的未来状态。在被教练辅导对象经过了探索和体验之旅之后，就他们关注的话题，他们会找到正确的方法。

许多教练工具可以协助被教练辅导对象完全地发现方案及描绘未来，如平衡轮、逻辑层次、迪士尼策略、感知位置、导师桌、核心成果……使用这些工具可以帮助被教练辅导对象解决问题。

4. 采取行动（Take Action）

在你完成了关于现状和未来的发现之旅之后，下一步就是如何达到了。可以通过以下问题使被教练辅导对象列出行动计划并做相应的执行。

- □ 你将如何来完成？
- □ 迈向目标的第一步是什么？第二步是什么？第三步呢？
- □ 你计划多久达到目标？
- □ 谁将来负责这块？
- □ 你将何时开始呢？
- □ 你已经拥有了哪些资源？还需要什么？你从哪里可以得到你需要的？

□ 你的承诺度是多少？

□ 前方可能的潜在挑战和风险是什么？你将如何克服它们？

5. 考虑深远影响（Impact for Now and Future）

当你做教练辅导时，聚焦在被教练辅导对象整个人身上，而不只是在话题上。因此，关注被教练辅导对象在教练对话中产生了哪些在态度、情绪、能量、思维模式和行为模式上的转变是非常关键的。要想达到这个目标，教练可以问一些这样的问题："如果现在或未来在生活或工作中遇到了一些相似的情况，今天的教练谈话会对你产生哪些更深意义的影响？"

6. 回顾价值（Value Review）

在教练流程结束之前，问一下："此次的教练约谈给你带来的价值是什么？你今天的收获是什么？"之后，被教练辅导对象就会梳理整个过程，并指出对其现在和未来产生影响的突破和有价值的学习点。

7. 鼓励推进（Encouragement）

教练约谈结束时，对被教练辅导对象已经取得的成绩表示欣赏，并对他在未来要采取的行动进行鼓励。同时，作为教练，你可以安排后续跟踪，使被教练辅导对象对自己负责，并且管理流程和激励被教练辅导对象。

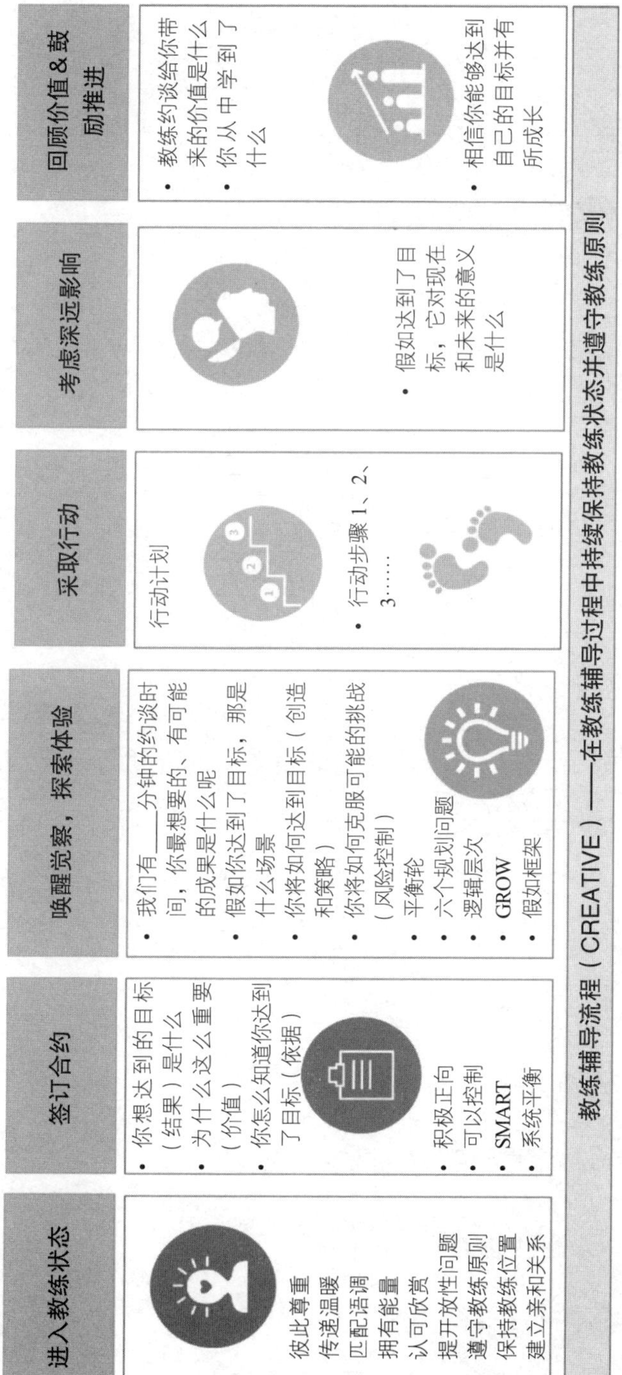
进入教练状态
彼此尊重
传递温暖
匹配语调
拥有能量
认可欣赏
提开放性问题
遵守教练原则
保持教练位置
建立亲和关系
签订合约
你想达到的目标（结果）是什么
为什么这么重要（价值）
你怎么知道你达到了目标（依据）
积极正向
可以控制
SMART
系统平衡
唤醒觉察，探索体验
我们有____分钟的约谈时间，你最想要的、有可能的成果是什么呢
假如你达到了目标，那是什么场景
你将如何达到目标（创造和策略）
你将如何克服可能的挑战（风险控制）
平衡轮
六个规划问题
逻辑层次
GROW
假如框架
采取行动
行动计划
1
2
3
行动步骤 1、2、3……
考虑深远影响
假如达到了目标，它对现在和未来的意义是什么
回顾价值 & 鼓励推进
教练约谈给你带来的价值是什么
你从中学到了什么
相信你能够达到自己的目标并有所成长
教练辅导流程（CREATIVE）——在教练辅导过程中持续保持教练状态并遵守教练原则

4.2 教练辅导的常用工具

德鲁克说过：“过去的领导知道如何告诉，未来的领导知道如何提问。”其实，教练的核心是有力提问。如果一个领导者掌握了有力提问的能力，那么他可能根本不需要所谓的工具。但是，掌握教练常用的一些工具，可以让领导者思路更清晰，在发展他人时，更加有针对性和启发性。那么，以下将介绍几个常用的工具及具体运用。

1. 六个规划性问题

六个规划性问题是一个非常行之有效，又非常容易掌握的一个教练工具。它能够帮助人们在梳理思路、规划目标、讨论实施方案等话题时，跳出聚焦问题的框架，寻找解决方案的路径。这六个问题很简单，大多数领导者，或多或少在工作中都会用到。以下将它们重新排列一下。

① 你想达到的目标到底是什么?

② 为什么这个目标对你来说那么重要?

③ 你如何知道目标是否达到了?

④ 你如何做才能达到目标?

⑤ 在达到目标的道路上，会遇到哪些潜在的风险和挑战?

⑥ 你如何克服这些潜在的风险和挑战?

第一个问题关于激发愿景，展望未来。描述目标达到后的状态应该是什么样的景象。这个问题能够让人们想象自己所期望的状态，规划自己想达到的目标，以及想象达到目标后所体会到的感受，做到以终为始，聚焦未来和解决方案。

第二个问题关于价值。让被教练辅导对象厘清真正想达到的目标对他的意义何在，激发他的内在动力。动力越大，劲头越足。即使在执行过程中遇到困难，但是对比自己内在的动力，做这件事也是值得的。

第三个问题关于设定目标达到的标准。就是如何让目标更加SMART。

第四个问题关于实施方案。实施方案包括要想达到目标的具体行动计划和步骤。

第五个问题关于潜在风险和挑战预估。这个问题一定要在梳理目标、价值、标准、方案之后再谈。否则，一开始就谈风险，或者将目标和风险混为一谈，人们很容易陷入细节问题之中，跳不出问题的框架思维模式，影响对未来的展望。

第六个问题关于目标达到的后备方案。这个后备的计划有了，就可以把一个想法从规划一步一步地转成可执行的计划。

六个规划性问题

“六个规划性问题”在企业中的实际运用案例

2012 年年初春，一个民营企业家通过好友找到我，希望就他最近遇到的问题梳理一下，让我给他指点迷津，开个方子，出个方案。

听了他简单的陈述之后，我直言不讳地跟他说："张总，第一，我根本不了解你们所处的环境；第二，我对你们的产品知之甚少，所以，要给你建议，恐怕勉为其难，帮不到你。但是，如果你愿意，我们可以约个时间聊聊，帮你梳理一下问题，还是可以的。不过，你要先准备一壶好茶啊。"他欣然答应。

在约定的时间，我到了他的办公室。在带着浓浓的书香气息的办公室里，有一面落地玻璃窗，春日的阳光照进来，暖暖的。另外，对着办公桌的一面，有铺满整个墙面的玻璃白板，可以写写画画。在靠近窗户的一角，摆放着两张舒适的沙发和一个中式的茶几。当然，一壶好茶已经准备好了……

寒暄之后，我们就进入了主题。为了方便呈现我们的对话，我会用"教练"来代表自己，用"客户"来代表张总。

教练：说说看目前公司的现状如何？

客户：公司现状总体来说，马马虎虎。想突破，但是一直找不到突破点。最近遇到一些挑战和瓶颈。尽管我们的产品实现了创新性突破和升级换代，但是业绩有所下滑；并且，最近感到来自竞争对手的压力越来越大，有点喘不过气；再加上一直想扩展市场，但总觉得跟不上趟……（张总持续说了一会，越说越沉重，尤其谈到瓶颈和困难时，他如鲠在喉，非常纠结……）

教练：（了解了基本的现状之后，我适当地接过话来。）张总，可以感受到你的感受。不过，我想问你一个问题："假如你面临的瓶颈和困难突破了，你想达到的目标是什么？"

客户：我希望公司能够挤进市场排名的前三位。

教练：为什么挤进前三位对你来说那么重要呢？

客户：公司从创业至今，已经有十几年了。从个人来说，我早已实现了财富自由，不必担忧个人的安危。但是，随着这些年的发展，员工也发展到 800 多名，这就意味着有 800 多个家庭会仰仗公司的发展。如果这次突破不了，必定会影响公司整体的生存与今后发展，也就是说 800 多个家庭也会受到影响。另外，这个行业的前三位一直由外企把控着，我们的确也想站得更高，看得更远一些。

教练：刚才你谈到了对员工及他们家庭的影响，同时，也谈到了更深远的意义。除此之外，对你的影响体现在哪里呢？

客户：十几年来，我们经历了风风雨雨，起起落落，都挺过来了。这次如果可以有所突破，实现了目标，我们就真正拥有了二次创业的能力。对自己也是一种认可吧。

教练：假如你现在已经实现了你的目标，想象一下，你希望看到的场景是什么？

客户：如果我们实现了目标，第一个跳进脑海的场景就是我们的庆功宴。

教练：在庆功宴上，你观察到了什么？

客户：我观察到大家非常开心，相互碰杯庆祝；不时听到“尽管今年非常辛苦，但都是值得的”这样的话语；我就远远地看着大家以及庆祝的场面，感到欣慰和开心。（这时客户面带喜悦的笑容，仿佛置身其中。）

教练：那么，我想邀请你在大脑里拍个快照，记录下这个美好的时刻。

客户：好的，这个画面会印在我的大脑里。

教练：刚刚我们谈的目标你计划多长时间实现呢？

客户：三年。

教练：那么你怎么就知道你达到目标了呢？

客户：当我们的市场份额占比达到 15%，营业额达到 10 亿元时，我们就可以进入前三位了。

教练：除此之外，还有哪些标准可以判定你达到了目标呢？

客户：刚刚所说的是一些硬指标。同时，我们还需要有些软指标，即建立更强的文化体系和优化的流程。

教练：那么这些又将如何体现呢？

客户：文化体系最主要地体现在我们有统一的价值观和高凝聚力的团队，同时也能够建立人才发展的梯队，这样，我们的持续发展才能得到保证。关于优化的流程，有两个方面。第一，我们一直想上类似企业资源计划（Enterprise Resource Planning，ERP）的系统，这些年，随着公司规模的不断扩大，我们需要更高效地工作；第二，我们各部门之间的合作要实现协同的效应。

教练：三年的时间，实现所设定的具体目标，那么你会分几个阶段来做呢？

客户：我会分三个阶段，以每年为一个阶段来做。

教练：现在是 2012 年年初，假如我们将时间拉到三年之后，也就是说 2015 年年初，你已经实现了目标。为了确保目标的实现，你在这三年分别会做什么？

客户：（沉思了一会……）这三年，会有三个关键词：布局、发力、突破。2012 年，我会侧重公司的战略布局、核心团队能力的提升，拓展市场；2013 年，更有针对性地进行产品投放、深度的市场拓展、全员能力的提升、内部管理系统升级；2014 年，要确保品牌营销、有线上与线下相结合的渠道、发挥产品优势……（当然，我们的交流越来越深入和详细。）

教练：从现在到 2015 年还有三年的时间，其间有可能碰到的潜在的挑战和困难是什么？

客户：（再度沉思……）其实，内部和外部的挑战都有。内部的挑战，就是我们有些高管在创业的过程中实现了财富的积累，再次创业的动力不足。另外，就是需要提升战略思维，才能有所突破。而来自外部的挑战就是竞争对手的压力。我们之前都不敢直接面对，直接比拼，那么这几年，我们需要培养“敢做”的勇气和行为。我就不相信用质量比他们好的产品拼不过他们。这也是，我们接下来三年，一直要做的事情，即提升品牌的知名度和认可度。

教练：那么，面对这些挑战，你又会如何应对呢？

客户：面对内部的挑战，首先，我会跟大家直接沟通改变突破的必要性，另外展望未来的愿景；同时，也会挑战现状，让大家跳出舒适区。其次，提升核心团队的能力，并拓展他们的思维，向标杆企业学习。最后，还需要输入新鲜的血液，尤其在市场营销方面。

面对外部的挑战，我们首先要了解到我们的竞争对手的优势和弱势，之后，也分析我们自己的优势和弱势，做到知己知彼。对于竞品的压力，我们要制定相应的策略，优化组合我们现有的产品和研发新的产品。毕竟，我们对中国市场的了解会更深刻一些……

教练：时间过得真快啊，转眼一个下午就过去了，我想请你站起来，好好地看看今天我们探讨的内容。（于是，我俩站到整个玻璃白板的对面，看着我们探讨时在白板上记录的内容……）今天整整一个下午，我们的探讨给你带来了什么价值和收获？

客户：原来我是有方法的，刚开始一直觉得没有方法，如鲠在喉。现在，豁然开朗，非常清楚我未来三年的目标是什么，如何达到。你真帮我厘清了思路啊。

教练：（我笑着说……）也期待之后的行动，以及目标的达到啊！到时候，别忘了再请我喝茶啊！

客户：那是一定，非常感谢。

教练型领导者是问题的提出者。只要能够提出有力的问题，对方自然会探索出他们想要的方案，因为他们有能力做到。你所需要做的就是培养和发展他们这种寻找答案的能力。

2. 平衡轮

在教练辅导的过程中，平衡轮是一个非常简单实用的工具，并且可以在不同情况下运用——平衡生活和工作、做计划、做决策、绩效发展、领导力发展、做分析、职业发展等。

平衡轮适合帮助客户全面思考希望探讨的话题，以及从中找出需要关注的关键点，并采取相应的行动。它能够帮助客户设定优先顺序并找到开始行动的方向。一般有八个部分代表平衡轮的各个方面。在中心的分数为 1 分（最低），在边缘的分数为 10 分（最高）。你可以标出当前的满意度或者重要性，以此来看看是否平衡。如果不平衡，你则要找出在哪个领域想先改变，以及思考你将如何改变。

运用平衡轮的步骤如下（以人生平衡轮为例）。

- □ 画一个轮子。通常会用一个简单的八瓣饼图，但是可以根据实际情况可增可减。

□ 识别客户生命中的影响人生平衡的关键领域，最常见的关键领域如下。

- 工作。跟工作相关的任何事情，如职业发展、同事关系、老板关系。
- 发展。专业和个人的成长。
- 金钱。你的收入，也包括你的资金来源。
- 家庭。你的家庭、父母、孩子、自由时间、兴趣。
- 健康。你的生理和精神状况。
- 朋友。你的朋友、过去及现在的社交。
- 爱情。你的爱人、配偶、心灵伴侣。
- 人生意义。人生的使命。

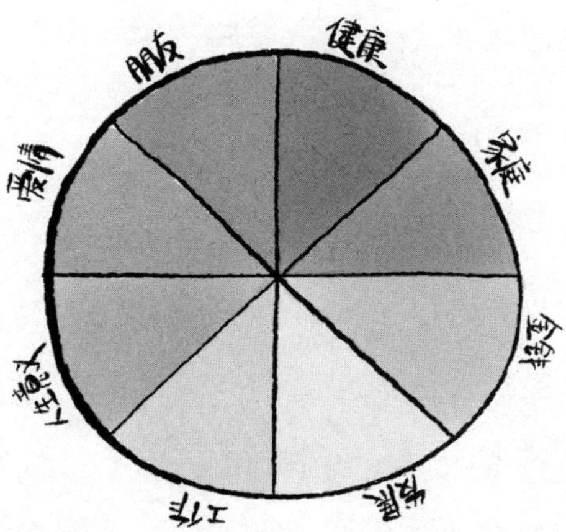

人生平衡轮

- □ 探讨每个领域并问道：
  - ■ 在你生活中的这个领域你的满意度在哪里？
- □ 用度量尺的方式评估每个领域。1 分代表“一点点的满意度”，10 分代表“10 分的满意度”。记住不用探讨在客户的人生中具体的活动是什么，而是他的满意度。例如，他可能收入很低，但是他对“金钱”的满意度会高，因为当下的金钱能够匹配他的需求。
- □ 连接饼图上的点来看看满意度的高点和低点领域。
- □ 让客户就这个平衡轮饼图来反思并问：
  - ■ 这对你意味着什么？
- □ 选择想关注的一个领域并问：
  - ■ 你想从哪里开始？
  - ■ 对你最重要的是什么？
  - ■ 如果有个领域，当它的满意度提升时，能够提升整体的满意度，会是哪个？

重要的是让客户意识到，并向客户强调这是个复杂的系统。当一个领域改变时，有可能影响其他领域的改变。例如，如果客户说他对“金钱”的满意度低，于是他要全身心地关注这个领域并拼命地挣钱，那么就可能在下次你见到他时，他对“金钱”的满意度提升了，但是对“工作和家庭”的满意度下降了。所以通常需要考虑各个方面，并且最好选择影响整个系统提升的领域。

“平衡轮”在企业中的实际应用案例

在企业内部，我们每年都会做员工发展谈话，就员工未来的发展做深度的探讨，以此来了解员工发展的动向。但是，在现实中，因为管理者不知如何谈起或者将员工发展等同于升职加薪，所以非常害怕跟员工进行深度的交流，大多是敷衍而过，简单了事。这样，在与员工谈话之后，就会出现员工没有连接，没有动力的现象。让员工感到这个谈话就是在浪费时间，因为管理者关注的不是员工的发展，而是完成公司所要求的任务。

要想让员工发展对话有成效并且在与员工谈话之后有连接、有动力、有承诺，教练式的沟通方式可以帮助管理者进行充分有效的对话。以下的案例仅供参考，大家可以根据自己的实际情况来调整。

教练约谈是存在于领导者与被教练辅导对象——个人、团队或组织之间的结构性对话。当下属谈及所面临的议题时，只有在他们处在放松并感到安全的状态时，有效的教练辅导对话才会发生。在那个当下，他们是真诚的；他们深思自省并表达出他们心中所想。一旦教练约谈触动了他们的内心，他们就会承诺改变，然后他们就会从现在状态朝未来状态飞越并转化。

所以，在开始教练辅导对话之前，创造一个轻松的氛围是非常关键的——一个是物理环境，另一个是心理环境。通过这样做，下属将感受到安全，能够启发他更加有创造性、好奇心和向前方探索的意愿。

物理环境：物理环境就是你给下属设置环境，让他感到舒服放松。这也是为什么在教练约谈时通常会选择一个环境比较舒适并安静的地方，下属容易安静下来并准备好为自己探索并发现未来。当你坐下来时，确保你坐在下属旁边，而不是面对面并且在前面留出足够的空间来视觉化期待的状态。

心理环境：心理环境就是领导和下属之间的关系和理解。它需要领导和下属通过互动来建立，如保持保密性，建立信任和处在教练状态。

以下教练对话发生在王帅与他的领导之间，是关于他自己的发展规划的。为了方便，我就用领导和下属称呼他们了。

领导：你好，王帅！又到了与员工进行发展谈话的时间了。之前，关于你的发展，一般是我先跟你沟通。但是今年，关于你的发展，我想先听听你的想法。

下属：感谢领导关注我的发展。我也非常愿意跟您坦诚地沟通自己的想法。

领导：好的，关于你的发展，你是如何想的呢？

下属：我到公司已经五年多了，对于自己现在的工作，可以说是轻车熟路，驾轻就熟。我总觉得可以做得更多一些，也希望自己能够再上一个新的台阶。

领导：说说看，新的台阶指的是什么？

下属：我想挑战一下自己。希望能够成为一名合格的项目经理，开始负责整个项目——从项目开始到项目结束的全过程。

领导：为什么想成为一名合格的项目经理呢?

下属：当初，我作为管理实习生进入公司时，就被我们的使命感召，希望能够为公司做出贡献——能够建造出有创意的、高品质的商业和住宅大楼，从而也能够推动行业的发展。这些年看着公司的发展，我们所建造的大楼在所在城市也能够成为一座座地标，这让我感到非常开心。

领导：理解。但是，我还想问一下“成为一名合格的项目经理”对你意味着什么?

下属：对我来说意味着成长。自从进公司以来，我一直在学习进步并不断地挑战自己，从而提升自己各方面的综合能力。五年多来，我一直在打基础，夯实自己的专业能力并一直关注提升和精进。

领导：假如你现在就是一名合格的项目经理，想象一下，那是一种什么样的场景?

下属：(不好意思地笑了。) 让我想想啊……我可以想象的场景是我在施工的现场，看着我们建造的大楼正在拔地而起，我和团队一起规划、实施、执行……有条不紊，井然有序。项目虽然紧张，但是从容……看着从蓝图变成的大楼，心里有种说不出的喜悦，感到非常开心。

领导：我想邀请你将这幅画面记录下来，就像用一个相机拍个快照一样，记录到自己的脑海里。

下属：拍个快照，记下了。

领导：记录下这美好的画面……那么，假如加上个时间节点，你什么时候想成为一名合格的项目经理呢？

下属：我想用一年的时间来规划并完成。

领导：也就是说，明年这个时候，你想成为一名合格的项目经理。

下属：是的。

领导：假如你现在就是项目经理，说说看，项目经理都需要具有哪些能力素质？

下属：作为一名合格的项目经理，第一，需要具备项目管理的能力，涉及该项目开始到结尾的各个环节；第二，团队管理的能力，一个项目团队需要不同专业和性格的同事，所以管理团队的能力也是非常重要的；第三，跨部门沟通协调的能力；第四，战略思考的能力，需要从更高的层面来思考问题；第五，现场决策的能力也非常重要。

领导：还有呢？

下属：驾驭复杂问题的能力，因为做项目时，需要与不同的人打交道。另外，也可能出现各种没有预想到的情况。

领导：还有呢？

下属：预算和成本控制的能力，一个项目需要在预算范围内保质保量地按时间交付。另外，质量监控的能力也很重要。

领导：让我来回忆一下你刚刚提到的项目经理的能力素质所包含的几个方面：项目管理、团队管理、跨部门沟通协调、战略思考、现场决策、驾驭复杂问题、预算和成本控制、质量监控。还有呢？

下属：目前，我觉得能做好这几项就已经够多了。

领导：好吧，那么，我们刚刚列出了项目经理的八个能力素质。现在将所有的将要探讨的领域放在一个项目经理能力素质的平衡轮中。（说着，画出一个能力素质的平衡轮并将八个能力分别列出来。）

领导：（接着说……）现在，让我们用度量尺的方法来看看你对各个能力领域的满意度，1 分代表一点点的满意度，10 分代表 10 分的满意度。现在你分别来对各个能力进行打分。（说着，就将平衡轮放到下属面前，并让他就满意度进行打分。）

下属：我每一个都需要打分吗？

领导：是的。

下属：好的。（下属开始对平衡轮上所有能力进行打分），第一，我想对项目管理能力进行打分，我对现有能力的满意度为 5 分，我对项目管理有粗浅的认识，参与过不少的项目，但自己没有亲自带过项目；第二，关于团队管理的能力，我带过项目中的小团队，积累了一定的经验，所以，满意度为 7 分；第三，跨部门沟通协调的能力，我个人认为我还是比较善于跟其他人打交道的，沟通协调的能力也不错，之前我们的项目经理也经常让我做跨部门的沟通，所以我给自己的满意度是 8 分；第四，战略思考的能力，历练比较少，所以，给自己 4 分；第五，现场决策的能力，也处理过许多的问题，所以，我自认为有 7 分的满意度；第六，驾驭复杂问题的能力应该也有 6 分；第七，关于预算和成本控制的能力，给自己 3 分；第八，质量监控，这个应该是我的强项，我自从进公司以来，就本着质量第一的理念做事，所以在这方面的意识和能力都应该有 8 分的满意度。

领导：那么，现在让我们来看看这个平衡轮的呈现。当你看到这个图时，你有什么发现？

王帅的平衡轮呈现

下属：（沉思了一会……）这个让我看到了自己的优势，同时也看到了需要提升和改进的地方。

领导：假如，先选择一个能力提升发展，并且当这个能力的满意度提升时，会带动整体能力满意度的提升，你会先选择哪个能力来发展？

下属：我觉得是战略思考的能力。当这个能力提升时，它将影响其他能力的总体提升。因为我可以更有全局观，能够从项目的整体来看项目管理及相关的各方面。

领导：现在，你对战略思考能力的满意度打了 4 分，你希望能够提升到几分？

下属：我希望至少要提升到 6 分的状态，我就比较满意了。

领导：那么，有了 6 分的满意度是什么状态呢？

下属：在 6 分的状态，我能够从宏观的视角来看待项目管理，所以在承担项目之前，能够以终为始来规划项目——厘清项目的愿景和目标，然后，规划项目达到的流程和关键节点，最后，再计划如何具体地实施。

领导：那么你将如何做到这些呢？

下属：我希望从今年开始，让我有机会跟您学习更多项目前期的内容，尤其是项目整体的规划。另外，我也想参加一些项目管理的课程和看一些项目管理的书籍。

领导：还有呢？

下属：另外，我也想请您做导师，来帮助我成长。

领导：还有呢？

下属：我还会向现在做项目经理的同事们讨教，与他们建立良好的关系。

领导：还有呢？

下属：暂时就这些了。

领导：关于这些想法，你什么时候开始实施呢？

下属：关于阅读相关的项目管理书籍，我马上就可以实施。另外，我也已经向公司管理学院申请加入三月就要开始的“项目经理训练营”，所以这个也会持续半年左右。我相信，我会有更加系统的学习，并且这次也用行动学习的项目，所以能够做到理论与实践相结合。我还想申请在今年我们团队的项目中，做您的项目助理，这样，我可以观察更多，也希望您能够多给我些机会让我历练。

领导：这个应该没问题，我会安排的。那么，关于向其他项目经理讨教，你会如何安排？

下属：在我们公司的项目经理中，张凯应该是最棒的。我想马上跟他约一下，争取与他每个月都有一次定期交流沟通的机会。

领导：假如这些都发生了，你能够达到 6 分的状态吗？

下属：我觉得应该能够达到了。

领导：还想达到 7 分，甚至更高的状态吗？

下属：当然了。

领导：想想看，还能够做什么使得自己在战略思考上有更满意的状态？

下属：（思考了一会……）我觉得，如果可以就每次的项目，无论大小，都能做到复盘评估，提升改进，那么我这方面的能力会更强。

领导：还有呢？

下属：从现在开始，我凡事先站到您的角度或者项目经理的角度来思考问题和项目，这样，至少在意识上可以准备好。假以时日，当我真正承担项目时，我就知道如何下手了。

领导：现在，有几分的状态了？

下属：我觉得有 7~8 分的状态了。

领导：当你真正能够提升战略思考的能力，并能从项目经理或者我的角度来思考，并能够做好复盘改进时，这对你的综合能力的提升又有什么影响呢？

下属：我认为其他能力也会随着战略思考能力的提升而大幅提升，真正起到推动的作用。

领导：那么，我们现在也来复盘一下，回顾今天的谈话，给你带来了什么？

下属：今天的对话对我非常有帮助，不仅梳理了一名合格的项目经理所需要具备的能力，同时，也厘清了发展过程中的优先顺序，知道自己应该从哪里先开始改进。非常有意义。另外，也让我看到了下一个阶段的发展内容和时间规划，非常清晰。

领导：好的。也期待着下个阶段你能够真正地践行就能力发展所列出的计划。我非常坚信你将来能够成为一名合格的项目经理。我也会尽力帮助你成功。

下属：谢谢领导！

其他运用场景

在生活和企业中，平衡轮这个教练工具有很多运用场景，可以根据实际情况加以运用。以下只是几个例子。

- □ 与客户确定新合约（基于所谈结果，确定优先性）。
- □ 衡量进度（就像第一次教练约谈所用那样，在五六次约谈之后衡量满意度提升情况，这样会帮助推进和加深进程）。
- □ 收集关于议题的想法，然后做出决定。
- □ 在两个或多个选择中，做出选择。
- □ 项目管理。
- □ 领导者胜任能力。

□ 绩效管理和绩效回顾。

□ 解决问题。

□ 价值探索。

□ 规划和计划。

□ 头脑风暴。

□ 设定标准。

你可能使用满意度、重要性、清晰度、相关度……来确定当前的程度，以及未来想达到的程度。要根据不同情况而定。

平衡轮的练习

关于自己想探讨的话题，列出分类。将它们按照分类，标注在平衡轮外部的每个领域。这时你可以就每个领域进行 1~10 分的度量尺度打分，可以对满意度、清晰度、重要性等进行打分。最边缘代表很强，即 10 分，轮辐沿线表示你在目前这个领域所体验到的度数，标上相应的点。画一条线穿过这个饼图，然后用明亮的记号笔画出彼此关系的所有真正的尺寸。可根据你的实际情况画出平衡轮的不同领域。

可以向被教练辅导对象提出的问题：

□ 关于想探讨的话题，影响因素有哪些?

□ 你会用平衡轮来探索哪些发展领域?

- □ 目前，你对每个领域的满意度（清晰度、重要性等）能打几分？
- □ 如果有一个领域，当你提升了这个领域的满意度（清晰度、重要性等）后，就会影响整体领域的满意度的提升，那么，会是哪个？
- □ 为什么这个领域的提升会提升整体领域的情况？
- □ 接下来，你打算从现在的分值提升到几分？
- □ 当你达到了理想中的状态时，你注意到了什么？
- □ 当你达到了理想中的状态时，你又有什么收益？有什么感受？
- □ 你将如何做以达到理想中的状态？
- □ 又会有什么挑战或者潜在风险阻碍你达到理想中的状态？你又会如何应对？

3. 逻辑层次

逻辑层次是教练辅导中常用的一个非常重要的工具。在罗伯特·迪尔茨2003年所出版的《从教练到唤醒者》中详细地将逻辑层次运用到教练中。

逻辑层次是一个人的内在思维系统，以及如何看待世界的“层级”系统。它是指个体或组织中各种活动所在的不同层次之间的层级关系，自下而上可以分为环境、行为、能力、信念/价值观、身份、愿景。随着层次的递进和上升，心理的能量也会越强大，越有力量。各个层次相互关联、相互作用。每一层次的功能都是综合和关联的，并组织和指导其下面层次的各种相互关系。高层次上发生改变将必然向下辐射，从而在低层次上产生相应的改变。在低层次上发生的改变可能但不一定能够影响到高层次。

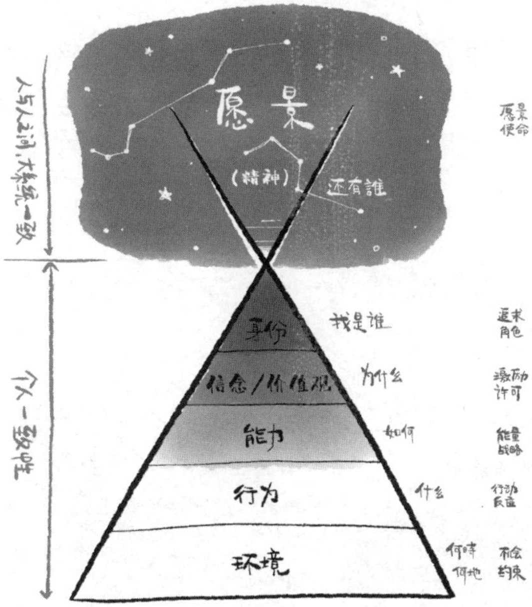

逻辑层次的关系

理解层次不仅能够帮助人们找到内在的动力，并建立内在思维体系，而且能够让人们理解他人及从系统的角度来理解整个世界。

逻辑层次的应用场景非常广泛，可以覆盖个人、团队、组织、系统。在不同的范围，也可以帮助梳理各个层面的内在动力和内外一致性、问题解决、长效激励、文化整合、公司合并等。

罗伯特·迪尔茨认为，当人们达到了“愿景”（精神）层面和领域时，人们可以翻转树结构，使之向上延伸，就像树的枝杈一样。这就展现了包括人们在内的更大的系统和领域。如果说逻辑层次让某个个体能够厘清个人的愿景和使命，从而确定希望成为什么样的人（身份），并且能够清楚为什么希望成为这样的人（信念/价值观），也知道自己有什么能力，以及还需要发展什么能力才成为这样的人（能力）。另外，也知道需要采取什么行动（行为）及何时何地如何开始（环境）自己的行动，那么这个个体就会内外兼修、言行一致、活得明白且通透。当个体到达了精神层面，那么就实现了个体与个体之间的连接，进入更大的体系。同样，一个团队、一个组织、一个社会、一个系统都会由环境、行为、能力、信念/价值观、身份、愿景逐步提升，进入更大的连接——跨团队、跨组织、跨社会、跨系统，从而创造更大的系统和领域。

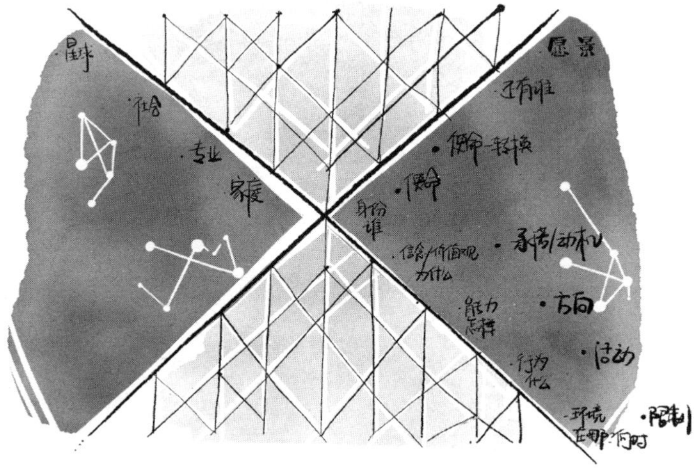

逻辑层次的整体系统

树状结构表示：逻辑层次中的身份层次是由一组信念和价值观形成反映的。一个单个身份是由一个特殊群体的信念和价值观形成并反映的。每个信念和价值观相应地与一组特定的能力相关。能力则与具体一组行为相关，行为最终与不同的环境条件相关。它们彼此连接，相互作用。高层次的变化会引起低层次的变化。

逻辑层次的主要内容

爱因斯坦曾经说："同一个层次出现的问题用同样层次的思维模式是无法解决的。"总体来说，如果问题发生在较低水平，则解决方案往往会出现在更高层次。通常需要站到更高的层次来思考问题，这样才能跳出问题的框架，发现动力，找到解决方案。问题也可以跳级，因此解决方案会建立在许多不同的逻辑层次上。就解决问题而言，构建得很好的方案和计划会涉及每个逻辑层次。逻辑层次的思维可以在每个人的语言中发现踪迹。

1）环境层次（何时？何地）

环境指的是除自身之外的外界条件，回答了"何时？何地？"等主要问题。另外，它还包括其他人、事、物、时、景等外在条件。通常人们的行为和互动会在环境层次发生。环境的因素决定了个人和组织需要认识到的外在机会或阻碍因素，从而必须采取对应措施。另外，环境因素与决策也是紧密相连的。为了达到某种目标或者理想的状态，人们必须首先考虑环境因素中的机会或者阻碍因素。所以，人们通常会充分利用机会，规避阻碍，或者做出相应的备用计划，以防万一。

在组织中，有些管理者往往像个"大家长"，关注"什么时候"和"在哪儿"等环境因素。他们要确保环境支持下属达到目标，所以经常关注异常情况，哪里有问题，管理者就出现在哪里，提供资源、信息或环境方面的调整，帮助解决问题。

在环境层次上常问的问题是：

- □ 需要什么外部资源和支持来完成目标?
- □ 在什么时间或阶段需要?
- □ 从哪里得到这些资源和支持? 谁来提供?
- □ 你是否已经在自己的环境中设置好了一切事情，来支持这个新计划?
- □ 你安排日程和管理干扰的效率如何?
- □ 需要什么路径达到目标? 需要设定的里程碑是什么?
- □ 你心中理想的工作环境是什么样子?
- □ 可能碰到的阻碍是什么? 应对的后备计划是什么?

2）行为层次

行为层次关于个人的活动及行为——在某个环境中发生的具体行为及结果。基于所在环境，都做了什么以及有什么反应。通过这些活动，与周围的人及环境相互影响，产生互动。

在行为层次上常问的问题是：

- □ 你需要做什么?
- □ 执行的步骤是什么?
- □ 这个项目计划看起来会是怎么样的?
- □ 步骤和检视点（里程碑）是什么?

□ 你需要安排哪些行动的日程？

□ 什么时间和地点完成？

3）能力层次

能力层次是指要在某个环境中，采取行动所具备的心理地图、计划、技能和策略。能力层次介于信念 / 价值观与行为之间，能够让信念 / 价值观转换为具体的行为。它回答的问题是如何做事情？能力可分为两个层面：内在的心理状态和外在的技能。内在的心理状态是指做事情的卓越状态，而外在的技能是指具体的技能和操作步骤。现在已经拥有的能力是什么？还需要发展什么能力、技能和资源来采取行动并完成任务？如何来学习、发展并具备相应的能力？

能力是关于成长、学习、发展的，在这个层次上常问的问题是：

□ 你将如何创造这个结果？

□ 你还需要什么来创造这个结果？

□ 你需要学习什么或在哪方面熟练？

□ 为了在这个项目中成功，你需要发展什么新的技能和资源？

□ 你需要发展什么新的领导特质？

4）信念 / 价值观层次

韦氏大词典对价值观的释义为：“本身有价值的或值得拥有的原则、品质或本质。”价值观是一个人判断是非的原则或信念，并指导着个人的行为。

作为人们内在状态的主要组成部分，信念 / 价值观在逻辑层次中是最有力量的，因为它回答了“为什么重要？”这样的问题。人们的动机的强烈程度决定了自己做事情的意愿程度。人们在环境、行为和能力层次上的思考和行为都是由自己的信念和价值观所塑造的。能力和技巧为环境中的行为提供支持，而信念和价值观则为能力提供了深层动机和指导。信念 / 价值观决定了人们的行为和获取能力的动机。

在沟通中，认识和尊重另一个人的价值观会建立信任。这是更高目的和意义的领域，是人们寻找的成就感。另一个产生意义的方法问关于品质 / 特质的问题，如问："如果你创造出这个结果，它会给你的生活带来什么样的品质 / 特质？""你需要具有哪些品质 / 特质的领导力？"

信念 / 价值观的本质是原则、品质、意义，在这个层次上，常问的问题是：

- □ 为什么这个对你很重要?
- □ 如果你要拥有一些品质，那会是什么?
- □ 假如你拥有这种品质，对你意味着什么?
- □ 在这个计划上取得成功为什么对你、对你的团队和你的客户很重要?
- □ 如果你创造出这个结果，它会给你的生活带来什么品质?
- □ 这个成果给你带来更深层次的意义是什么?

5）*身份层次*

一个人对身份的感觉来自自我、角色和使命的感知，这比信念和价值观层次更深一级。这是关于“我是谁？”“我现在是谁？”“我想成为谁？”的问题。人们的信念 / 价值观支持着个人的定位，同时，身份的定位又决定着信念 / 价值观。在何时、何地做什么？如何做？为何要做？等问题背后的支持都是“我是谁？”或者“我想成为谁？”这样关于身份的问题。身份通过信念和价值观而展现出来。

身份层次关注角色定位，在这个层次上常问的问题是：

- □ 你是谁？你想成为谁？
- □ 要创造这个结果，你要成为什么样的人？
- □ 在这个层次上，如果你能创造出结果，你会如何定义自己？
- □ 如果成功地完成了这个项目，你会如何评价自己？
- □ 对于这个问题，你处在怎样的领导力层次上？你如何能在 1 分到 10 分的刻度尺上提高 1 分？

身份层次上的问题最经常用价值观词语来回答。这创造了一个积极的循环。当人们更加清晰自己的价值观时，人们解决“我们是谁”和“我们要从事什么”的问题。这是建立一个强大的团队，以及成为强大的能独立创造成果的领导的关键。

6）*愿景层次*

愿景层次是在逻辑层次中更高的层次，它关注的层次的范围更广，由聚焦“我是谁”到“除了自己，还有谁？”由聚焦个人的系统到了更大的系统，开始与自己之外的人或系统连接。它回答的问题是：

□ 假如我成为这样的人，除了自己，还有谁从中受益？

□ 假如我成了自己希望成为的人，我可以创造的愿景是什么？

□ 我还可以影响到的更多的系统是什么？

□ 我如何能够引爆变化，让更多的人受益？

□ 我的家人、团队、组织、更大的系统……会有哪些收益？

为了更好地理解逻辑层次，以下通过几个案例来阐释如何将这个模型运用到个人、团队和组织中。这样，大家会有更加直观的理解。

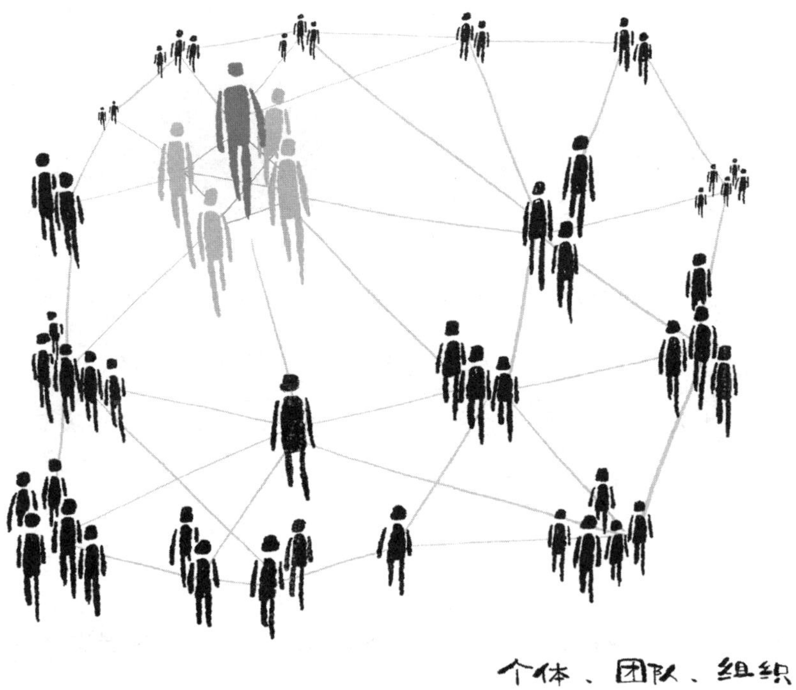

逻辑层次系统——个人、团队、组织

案例 1：个人逻辑层次的整合

王志是 V 公司研发与创新事业部的总监。12 年前，他和其他十几个合作伙伴从央企的研究所辞职并创立了现在的公司。他们所生产的监控系统设备这些年发展迅速，市场大势也非常棒，所以公司也迅速扩张。不仅在国内处于领先地位，在全球也属于前几位。公司在全球的员工短短十几年就已经达到了 15 000 多人。他所在的研发和创意事业部从无到有，现在也有 1 000 多人。面临公司的快速扩张和人员结构的变化，他迫切地感到需要调整自己的管理风格。从原来的告诉到更多的提问，从传统老板型的管理者到教练型的管理者。

在“教练型领导”的课程中，我有机会给他当场做了教练辅导。以下教练对话就是我和他的关于这个话题的交流。希望读者可以从案例中了解如何运用逻辑层次。

为了方便阅读，我就用“教练”代替，王志就用“客户”代替。为了使王志有更加深刻的连接，我准备了六张卡片并按照逻辑层次的顺序依次放在地上——环境、行为、能力、信念 / 价值观、身份、愿景。

教练：王志，非常高兴今天就你的话题进行交流和探讨。为了方便我们的谈话，我准备了几张卡片。

客户：好的。这样，更加直观，更视觉化。

教练：是的。在接下来的 30 分钟，你最想达到的目标是什么？

客户：成为一个教练型领导。

教练：为什么这个话题对你来说那么重要呢？

客户：作为一个管理者，最近真的感觉到一种无力感，公司发展太快，总觉得有点跟不上的感觉。现在，不仅要管理国内的团队，还要负责国外的研发和创新。所以常常感到力不从心。

教练：假如你摆脱了那种无力感和力不从心，你想要具有的状态是什么？

客户：管理起来有章法，更有条理。

教练：假如更加有章法，更有条理，对你意味着什么？

客户：我就可以解放了，有更多的时间来做战略的思考。

教练：这样，会给你带来什么？

客户：拥有轻松和自主的状态。

教练：我非常好奇，就“如何成为一个教练型领导”这个话题，如果我们来看看清晰度，1 分代表有一点点清晰，10 分代表非常清晰，那么你目前的清晰度在哪里？

客户：现在大概有 5 分。

教练：那是一种什么状态？

客户：感觉到非常有必要改变和调整，但没有清晰的路径。

教练：那么，你希望在我们的对话结束后，达到什么状态？

客户：我希望，至少能有 8 分的清晰度。

教练：那又是一种什么状态？

客户：我能够清晰地知道怎么做才能成为一个教练型领导。我自己知道如何调整，以及如何优先安排我的工作。

教练：所以，如果你能找到路径，并能够知道自己如何调整及使优先安排工作的清晰度从 5 分提升到 8 分，并真正给你带了自由和轻松的状态，这是我们所探讨的话题吗?

客户：是的。

教练：那么，我们现在一起探索一下这个话题吧。(说着，教练带领客户起身，并让客户站到了“环境”这个卡片上。) 准备好了吗?

客户：准备好了。

教练：站到“环境”这张卡片上，你注意到了什么?

客户：刚刚我也提到了，随着业务和公司的迅速扩张，我感到有些压力。尤其管理的团队越来越大，团队成员和结构也更加多元化。不仅需要管理中国人，还有国际团队。自己就像一个八爪鱼，觉得心有余而力不足。

教练：意识到这种现状之后，你都做了些什么来调整? (我们移动到“行为”的卡片上。)

客户：我也开始给下属授权，但是，往往在遇到问题时，所有的事情还得自己扛着。有时也希望他们能够独当一面，但是，还是觉得他们的能力不足，所以，很多决定还得自己来做。

教练：你觉得教练型领导所具备的能力中你现在的能力状态如何？差距有在哪里？（我们又往前迈步，站在“能力”的卡片上。）

客户：在这两天的学习中，我有个深刻的体会，就是如何从“告诉”下属如何做到通过有力提问来引导他们具有发现、分析及解决问题的能力。我觉得这个方面还有些差距。我现在发现自己还是个技术控、一个大专家，出现任何问题都冲到前面来解决。没有给他们发展的大空间。另外，我觉得还没有效授权及发展他人的能力。还有，当遇到问题时，需要调整一下自己和团队的聚焦点，从过去关注问题本身，到期望创造的未来的状态。这样的话，我们就会在有限的时间内，将精力和能量聚焦在创造和创新上面。

教练：假如有了这些转变，无论是从心态，还是行为上，那对你来说意味着什么？（一起再向前走到了“信念/价值观”卡片上。）

客户：对我来说，也是个突破，能够让我的管理更游刃有余，更上一层楼。

教练：假如你有了突破，管理上更加精进，会给你带来什么？

客户：有条理，有章法，更加轻松，有种一切尽在掌控中的感觉。（这时，客户微微地笑了。）

教练：当你的管理有章法，有条理，更加轻松时，还有谁会从中受益？

客户：我的团队。当我有时间时，我可关注战略上的事情，也会给他们做发展的谈话并赋能于他们。当他们的领导可以做这些时，他们也会知道优先排序，从中学习到思考和正确做事情的方法。

教练：还有呢?

客户：公司也会受益。当我们的团队更加有能力时，我们的产品创新也会持续保持领先水平，将竞争对手甩出不止几条街的差距。我们的竞争优势也会大大地提高。我们与其他部门的配合也会更好,如跟市场与销售,当然也有跟生产的配合。此外，还可缩短我们的开发周期，以及加速产品投放市场的速度。

教练：还有呢?

客户：我们的客户也会有受益。如果我们的产品好，客户体验和应用都会更好。

教练：还有呢?

客户：家人。当我在工作上可以轻松自如地管理时，我才能做到工作和生活的平衡。才能抽出时间，陪陪他们。(这时，客户的脸上出现了非常放松的笑容。)

教练：假如你现在就是个教练型领导，想象一下正在展现的场景，你注意到了什么?

客户：我与以往不同。首先，我非常笃定和轻松，状态很好。我可以看到的画面是我和团队一起探讨一个关键项目—— 一个研发中碰到的困难。但是，我这次没有跳进去，自己来解决。相反，我不紧不慢地提出有力的问题，然后，给他们思考、探讨、辩论，得出一个恰当的解决方案。他们在主导整个探讨，我就是一个促动师、一个教练和一个观察者，在恰当的时候，用一个问题推动着讨论的进行……他们不仅知其然，更知其所以然。听着他们的探讨，我感觉他们要比我想象的更加成熟、更加专业，也更加有资源和方法。当然，我也非常欣慰……

教练：喜欢这个场景吗？

客户：非常喜欢。这正是我希望看到的。

教练：那我就邀请你将这个画面拍成照片，留在自己的脑海里，好吗？

客户：好的。非常乐意。

教练：想象一下，几年之后，教练的能力和状态已经深深地体现在你日常工作和生活中，你已经完完全全地活出了教练的状态，这时候，回望现在的你，你会对自己说什么？

客户：（思考了一会……）王志，你做到了！现在你可以更加轻松地来处理工作，更好地平衡工作与家庭生活了。

教练：那么，你的团队和员工会对你说什么？

客户：老大，感谢你给我们发展和成长的机会！感谢你的支持和包容！

教练：家人呢？他们会对你说什么？

客户：更喜欢现在的你了。有时间一起吃个饭，出去散散步的感觉真好。

教练：听到这些，你的感受如何？

客户：非常开心，也非常欣慰。自己的成长和转变能够对周边的人产生如此大的影响。

教练：（带着客户走到“愿景”的卡片上。）想象一下，五年之后，会发生什么？

客户：我想到那时，不仅我自己成为一个教练型领导，我也会将这种理念在工作中践行，做到知行合一。那么，我就会影响下属改变他们领导自己团队的方式。慢慢地会推动更多的人来运用这样的方式。那么，我们的管理者会更加有方法，能够真正赋能于人，激发员工的潜能，大家一起共创。大家都会非常开心。我们的企业文化和氛围也会非常积极正向。我甚至会看到，整个组织的变化……尤其，在当今 VUCA 的时代，需要靠大家群策群力地来推动产品创新，推动企业的发展。

教练：看着这样的趋势，你感受如何？

客户：欣喜，真的，说不出来的喜悦。

（教练让客户享受这个时刻。之后，带着这种新的体验，从逻辑层次的“愿景”，让客户一步一步地落实下去。）

教练：让我们再一步一步地看看我们走过的路程。首先，带着这种愿景，回到“身份”层次上，你有哪些新的发现？

客户：我更加坚信我能够成为一个教练型领导。不仅是我自己成为这样的人，我还要成为教练型领导的推动者。

教练：不仅是践行者，还是推动者。带着这个新的发现，我们再站到“信念 / 价值观”这个层面来看看，你又有什么新的发现和觉察？

客户：意义更大。刚刚开始想探讨的是自己，现在，想到的不仅是自己，还有如何影响自己的团队和组织，甚至家庭。觉得意义更大，特别有使命感。

教练：带着更多的意义，让我们再看看“能力”方面，又有什么新的发现和觉察？

客户：相比“能力”，我认为心态很重要。只要我认准的事情，我一定会做好。对于这次需要提升的能力，我也会努力提升的。

教练：那么，你接着会如何发展能力，成为教练型领导？（行为层面。）

客户：第一，我要做的是沉得住气——当团队成员就某些棘手问题找我时，我不会直接帮他们解决，而是通过提问让他们分析问题并提出解决问题的方案；第二，我会做个规划，盘点一下我的直属下属的能力和潜力，做好授权和赋能的工作；第三，我会跟他们沟通，让他们知道我的风格会变化和调整；

第四，我会组织一次教练型领导的工作坊，赋能于他们，让他们也具有这样的理论和理念并做相应的实践；第五，我也会与两个直接下属定期有一对一的辅导；第六，我们会每个月做一次回顾，看看大家进行得如何，总结做得好的方面，调整需要改进的地方。

教练：那么，你何时开始呢？打算多长时间完成？第一步是什么？你会如何排序呢？

客户：关于沉得住气这项，从此刻就可以开始，凡事先听后说，先问后答；关于盘点与授权，需要用一周的时间；沟通会和工作坊可以一起来做，估计需要安排在一个月之后；后续跟踪，每个月一次，我会跟踪六个月……（此时，客户边说边在笔记本上列出了具体的行动计划。）

教练：那么，在整个过程中，你可以预测到的潜在挑战会是什么？

客户：（思考了一会……）有可能，有时候沉不住气啊；还有可能因很忙，而又陷入原来的状态，到处充当灭火队长的角色。

教练：那么，面临这些挑战，你的预防措施是什么？

客户：我会写下“沉住气”这三个字，张贴在办公室；另外，每天给自己 20 分钟反思的时间，自省自己的想法和行为并做出相应的调整。

（这时，我们坐下来，回顾我们刚刚用逻辑层次所探索的历程。）

教练：王志，我们刚刚运用逻辑层次的思考方式，探索了如何成为一个教练型领导的话题。我想知道我们的对话给你带来的收获是什么？

客户：收获非常大。首先让我在认知上有了突破；其次帮助我厘清了思路。之前，所有想法都在脑海中盘绕，但这次知道了如何行动。并且有更多大愿景和使命感驱使着我，感觉动力十足。

教练：刚刚在对话开始时，你对这个话题的清晰度是 5 分，你希望有 8 分，现在你的清晰度有几分？

客户：至少有 9 分的清晰度啊。

教练：想有 10 分的清晰度吗？

客户：其实，我已经非常清晰了。如果在做的过程中，能够切实做到。就肯定有 10 分了。

教练：好的。王志，想象一下半年之后，你看到这次转变——从角色、心态和行为，那么它会对你今后的工作和生活又有什么影响呢？

客户：不仅能够让我从聚焦事情到关注人员发展有所突破，更重要的是能够让我展现更多的灵活性，做好柔性管理。另外，也能够从更宏观的角度来思考。（看得出客户的坚定和信心。）

教练：非常欣赏你的开放和坦诚，也期待着你的转型成功啊！

客户：非常感谢，让我有了一次不同的体验。

当王志用“逻辑层次”这样的思考模式来梳理如何成为一个教练型领导时，他从低到高，再由高到低的过程，就像一个爬山的过程。

从刚刚开始一步步体验当下的环境、行为和能力的无力感，到澄清教练型领导所带来的价值和意义并找到自己的动力，再到重新定义自己新的身份为教练型领导，最后再到成为这样领导给自己的生活和工作所带来的影响，颇有站到山顶，能够把握全局，一览众山小的感觉，并能够体验登高望远所带来的愿景和方向，然后带着所体验到的愿景和使命，一步步下山，强化新的身份，以及激发更大的动力来成为这样的领导者。

当逻辑层次的高层次问题（愿景、身份、信念 / 价值观）思考清楚之后，再来看自己需要什么能力才能成为教练型领导。之后再来思考采取什么行动才能成为这样的领导，并且思考立足当下，应该如何做、何时做、如何践行等。这样，你就会更加笃定，更加聚焦，更加脚踏实地做出优先排序并开始实践。

当个人的逻辑层次清晰，并且做到上下统一和一致时，那么就有了前进的方向、明确的目标。当活出了自己的价值观时，动力十足。这时对于所从事的工作，无论是在态度上，还是在实践上，都会脚踏实地。当一个人的愿景、使命、价值观与能力、行为相连接时，无论身处何地，多么有挑战性，他都能坦然面对。

案例 2：团队整合

2018 年最热门的电影莫过于《红海行动》，以 2015 年中国“也门撤侨”事件为背景的电影的确吸引了很多眼球，故事颇有张力，观众看得酣畅淋漓。该片讲述了中国海军“蛟龙突击队”八人小组奉命执行撤侨任务，突击队兵分两路进行救援，但不幸遭到伏击，人员伤亡；同时在粉碎叛军武装首领的惊天阴谋中惨胜的故事。

同样是以“撤侨”为主线，《红海行动》与《战狼 2》最大的区别在于，《红海行动》并不推崇个人英雄主义，而更加强调团队协作。八名成员组成的“蛟龙突击队”各司其职，虽义无反顾地为兄弟战友扛枪挡炮，但也有内心怯弱之时。正由于这些不完美，使得这些用鲜血与生命完成祖国托付任务的军人们显得令人肃然起敬。

那么，如何用逻辑层次来看这支队伍?

愿景：保家卫国，维护和平。在《红海行动》中，蛟龙突击队的主要任务就是安全撤侨，保护中国公民的安全。

身份：蛟龙突击队不仅是一个集指挥、协助、有序、执行、无畏于一体的优秀团队象征，同时也是一个值得信赖和尊重的团队。蛟龙突击队之所以与众不同，是因为它是中国海军的一支特战队，为集合了海陆空三栖战斗力的队伍“海上蛟龙、陆地猛虎、空中雄鹰”的合体。在团队的身份一旦确定，团队成员具有了强烈的归属感。在这个团队身份下，每个团队成员还有不同的角色——队长杨锐果敢沉稳、高效决策，副队长兼爆破手徐宏、狙击手顾顺、观察员李懂、机枪手佟莉、机枪手石头、医疗兵陆琛、通信兵庄羽，每个人各司其职，团队之间完美的战术配合，以及彼此的默契支持，是成败的关键。

信念 / 价值观：蛟龙突击队秉承的信念就是“勇者无惧，强者无敌”。正是因为有了这个信念和价值观，所以，无论何时、何地、任务有多么艰巨，他们都发挥了大无畏的精神，做到强者无敌。

能力：团队的集体能力——团队分工明确、各司其职、各有专长、优势互补、紧密协同的作战能力。他们的能力不仅又红又专，同时也足够全面综合。这种相互配合和敏捷作战的能力通过共同训练和实战而发展出来了的。通过一个手势，大家就一目了然，无须多说。

行为：在蛟龙突击队里，你会看到团队协作的力量。团队中的每个人都是分工明确，相互配合默契，协作井然有序。他们英勇顽强、以大局为重，因地制宜，变化灵动。聚为一条龙，散为满天星。他们真正地发挥了群策群力、相互协作的团队精神，实现了团队的力量。

环境：团队在那么艰难和恶劣的环境下，做到成功制胜的关键在于团队之间的信任。这种“背靠背的信任”，就是将没有防备的身后完全交付给对方，当自己冲锋陷阵时，无须担心敌人从背后突袭，因为身后有最信任的人在帮自己抵挡。这种“背靠背的信任”是在无数次磨炼中赢得的。他们彼此信任队友的能力，将自己的背后托付给队友时，也肩负起守护队友的责任。当团队中的每一个成员间都建立了“背靠背的信任”，我们就会看到有蛟龙突击队这样超群的执行力与战斗力的团队。

案例 3：企业团队的发展

在企业中，如何建立像“蛟龙突击队”这样的团队呢？

在团队建设和发展中，需要用逻辑层次的思路来打造和发展团队。在团队发展的过程中，需要与团队成员一起来讨论以下逻辑层次中不同层次的问题。接下来，以一家专注于芯片的软件平台和技术支持的团队为例，来探讨如何将逻辑层次有效地运用到团队发展中。

愿景：团队的愿景（目标）是什么？团队存在的意义是什么？

他们的愿景就是：“建设世界一流的卓越团队，打造世界一流平台软件产品和提供世界一流的客户支持。”在芯片的研发上，他们并不是先行者，要想迎头赶超，只有“本着打造世界一流的团队，才能提供一流的软件产品和提供一流的客户支持”目标，才能做到使命必达。

所以，在工作坊中，运用“描绘未来”的活动，能够让大家将愿景清晰地以视觉化的方式呈现在大家面前，并让大家说出这样的愿景给自己带来的感受，以及给自己、团队、公司、客户、家人和其他利益相关者所带来的利益和未来。

这时的团队真正地渴望未来，想象令人激动、崇高的各种可能，并且愿意为共同的愿景而奋斗。

身份：对于这个愿景，团队的角色和使命是什么？要成什么样的团队？

对于打造世界一流的团队，团队的认知是我们是“TOP GUN”的团队，所以在探讨的过程中，他们给自己的团队一个具有象征意义的标志，那就是“TOP GUN”。看过汤姆·克鲁斯所演的《壮志凌云》，就会知道“TOP GUN”的团队是如何打造的。他们还拿出了自己的标语，即“我们是世界一流的团队”。

信念 / 价值观：有什么共同的价值观和一致的信念激发团队去承担那个角色和达到那个愿景（目标）？

他们秉承的理念就是：“团队因你而卓越”以及“发挥协作精神，一次性把事情做好”。在团队中，首先，大家相信员工能够创造不同，他们所做的不仅仅是工作，而是事业。其次，他们将团队的精神发挥到极致，与公司内部各部门组成团队，与客户组成团队，与产业上下游组成团队；相互信任，相互协作，公司利益至上，只有各方人员的共同努力，才能达到团队最大工作效率，达到共同目标。他们坚持一次性将客户服务好，一次性把产品研发做好，一次性地处理好每个问题。不给自己留下任何借口，才有可能一次性将事情做对、做好。

能力：团队需要什么能力来实现愿景，完成使命，同时又与团队共同信念及价值观保持一致？哪些能力团队已具备？哪些还需要去获得？

在这个过程中，首先让大家讨论两个话题：我们已经具备推动团队发展的能力，以及影响团队结果和绩效的障碍是什么。在大家进行充分探讨之后，以帕特里克·兰西奥尼所提的团队协作中的五大障碍——缺少信任、惧怕冲突、缺乏承诺、逃避责任、忽视结果为基础，展开充分的探讨，逐步地建立高凝聚团队的五种可行行为——建立信任、掌控冲突、兑现承诺、相互负责、关注结果。

在这个过程中，就每项行为展开充分的探讨。

首先，通过了解基本归因错误、个人经历分享，以及 DISC 或 MBTI 等性格测试来让大家了解各自的优势和需要提升改进的领域，强化基于脆弱性的信任。

其次，一起定义冲突、探讨对待冲突的态度、共同形成冲突时所遵守的行为规则，以及处理冲突的有效步骤，这样在团队面临冲突时，才能够掌控冲突，对于所探讨的话题做好充分的讨论，毫无保留地展现自己的观点，最终达成决策共识。

再次，在讨论兑现承诺时，现场就团队当前的主题目标进行充分的探讨、梳理并定义；并且在确定主题目标之后，进行层层分解，并落实到具体责任人，以及列出需要考核的关键绩效指标。大家对主题目标一目了然，就清晰度和认可度达到高度一致，这样，才能做到百分之百的承诺并落实执行下去。另外，在执行过程中，大家也就如何给予和接受有效的反馈做探讨，并现场给予团队成员真实有效的反馈。

最后，在探讨如何确保团队结果时，团队成员还一起制定团队记分板，让大家用简单、视觉化的方式清晰地了解团队的目标达到情况。

行为：团队将采取什么行动来协作，并达到你的目标？团队之间协作的共识是什么？

其实，在引领团队探讨他们的能力过程中，就团队如何更加高效地在一起工作也做了详细的讨论，并制定出切实可行的行为规则，如会议规则、冲突契约、沟通原则、决策机制等。而这些规则让团队成员在协作中大大提升了效率和效果。

环境：为了实现愿景，在环境层面，团队如何建立信任并发挥团队成员的优势？在何时、何地、何种环境下，通过何种途径来打造团队？

在工作坊上，创造了强化团队信任和协作的场景，以此来加强团队的凝聚力和团队的黏性。除此之外，还应该在平时工作中关注团队的发展，因时制宜地抓住发展团队的机会和时机。让团队无论在任何复杂的环境中，都能够做到及时沟通、步调一致、协同作战、应对变化，这样团队才能够成熟起来，成为高绩效的团队。

当一个团队实现自上而下保持一致时，那么这个团队就会有清晰的目标和使命感。团队就会保持强烈的凝聚力和归属感。团队成员为了团队的荣誉而放下小我，会保持团队的动能并且协同作战，以此来成就团队，交付结果。

案例 4：组织发展

1999 年，马云和当时的十八罗汉，在自己的毛坯房里创立了阿里巴巴。他们的创业过程可以从后来所拍的《造梦者》中看出阿里巴巴如何从天方夜谭到商业神话。阿里巴巴经历了 37 家风险投资（Venture Capital，VC）机构的拒绝和很多坎坷，依然追逐着自己的梦想，直到梦想成真。在阿里巴巴发展的过程中，马云是如何从零开始，做到中国互联网的老大呢？答案就在于马云懂得创造并共启愿景、使命、价值观。2016 年湖畔大学首次开讲，马云的第一讲就是“使命、愿景、价值观是什么？”，这也是阿里巴巴多年来的创业心法。

喜欢武侠精神的马云以及阿里人，基本上都有自己的花名。如果，你有机会参观他们的办公室，也会发现他们会议室的名字也非常有武侠的感觉。在《造梦者》开篇时引用了金庸先生《神雕侠侣》中的一句话：“我走过山的时候山不说话，我们路过海的时候海不说话。”看来阿里人的侠义精神无处不在。

关于马云以及阿里巴巴的传奇故事无处不在，也就不一一赘述。但是，马云令人敬佩的之处在于他的梦想和理念是超越自我的。从 1994 年开始第一次触网站到 1998 年年底从北京铩羽而归，他依然保持着热情：“即使失败也没有关系，我不成功，也会有人成功的。”他对未来的愿景和自己的梦想坚定不移。当然，创业者永远都会对未来充满憧憬。

1999 年，马云在湖畔花园的毛坯房中，开始新的一轮创业历程，这次取名阿里巴巴。这次他的梦更大——不仅仅是瞄准中国，更是瞄准全世界。这个打不死的小强在经历了 37 次被 VC 拒绝之后，在 1999 年 10 月得到了高盛联合富达投资等的首轮投资 500 万美元。

三年后，阿里巴巴又获得了日本软银的 2 000 万美元的投资。其间，负责瑞典银瑞达集团亚洲业务的蔡崇信也与阿里巴巴进行合作谈判。尽管谈判未果，但蔡崇信看好阿里巴巴的未来，并放弃高薪，加入了阿里巴巴。于是阿里巴巴开始规范化运作并迅速地进行国际化扩张，但好景不长，2000 年互联网泡沫的破裂，引发了全球股市动荡，银根收紧，投资人明确表示不再追加投资。此次互联网的寒冬，使得阿里巴巴迅速调整变化，将业务重点转回国内。

2001 年 1 月，关明生作为首席运营官（Chief Operating Officer，COO）上任，开始为阿里巴巴梳理并澄清组织的愿景、使命和价值观，定位阿里巴巴与众不同的意义。当时，很多阿里人并不认可这种形而上学的东西，觉得是在浪费时间。但是，正是因为马云看到未来的组织需要更强有力的团队，即使在这样的情况下，阿里巴巴拿出 100 万元来培训自己的管理团队，开始“百年阿里”的规划，对组织、文化、团队、人员进行投入。人才凝聚了，才会有未来。

在没有投资者追加投资的情况下，阿里巴巴需要找到自己的盈利模式。于是，他们反思并确定自己的使命为“立足中小企业，让天下没有难做的生意”。

为了接触中小企业，阿里巴巴举行了多场线下见面会。那时，免费网站一个个倒下，而阿里巴巴却推出了第一个自己的付费产品——中国供应商。他们也组成了全国各地的销售团队，这支销售团队被称为“中供铁军”，他们走到全国各地的城郊产业带里，一个个寻访客户，寻找合作契机。苍天不负有心人，阿里巴巴最终实现了盈利。

2003 年的非典时期，即使大家在家隔离办公，淘宝网还是在 5 月 10 日这一天诞生了。阿里巴巴隔空庆祝淘宝诞生，并确定这天为“阿里日”。之后，阿里巴巴迅速扩张，占领市场份额，将曾经主导的 eBay 甩出很远。

正是有了愿景、使命和价值观，阿里巴巴才能够在大风大浪中经历风雨，能够保持初心、坚守原则、正确做事。2008 年年初，次贷危机引起百年难遇的金融风暴。阿里巴巴将供应商的会员费用下调 60%。2008 年 7 月 23 日，马云发表了“冬天的使命”——今天我们肩负着更多的责任，我们有责任保护我们的客户，全世界相信并依赖阿里巴巴服务的数千万中小企业不能倒下。阿里巴巴又一次扛住了外部的经济压力。然而，阿里巴巴却迎来了内部的风暴，这一年，阿里巴巴内部爆出了涉嫌欺诈客户的事件。

面对污点事件，阿里巴巴面临两条路——一是开诚布公，二是内部追责。“少年阿里巴巴”为了捍卫自己所秉承的价值观和原则，勇敢地选择了敞亮的方式，告诉大家发生了什么，他们如何面对，如何处理。之后，以卫哲和李旭辉为主的 100 位相关人员被辞退，马云断腕之举也赢得了大家的认可，让人们看到了更加成熟的阿里巴巴。

之后，面对智能手机的冲击，阿里巴巴成功地抓住机会，变电子商务为无线服务，完完全全关注于智能手机的功能——手淘、支付宝钱包、来往、钉钉全线出击，菜鸟、聚划算、花呗、蚂蚁金服、天猫、大数据、阿里云、口碑等，涉及领域很广。

阿里巴巴之所以成功，还在于不断突破创新。在中国的日历上愣生生地创造了一个全球狂欢的“双 11”的节日。2015 年的第一个“双 11”，数以亿计的客户通过手机上线和其他方式线上网购。突破上亿元的交易量只用了 1 分 12 秒。一天的交易量达到 912 亿元人民币。猴年的整个春晚，4 亿人参与了五福收集的活动。

阿里巴巴的成功还在于阿里巴巴敢于革自己的命，敢于突破。阿里巴巴 10 周年时，18 位创始人员辞去创始人身份，阿里巴巴开始实施合伙人制度。合伙人制度能够让企业基业长青，承担更多的责任。在合伙人制度下，这家以使命驱动的公司，将有更多年轻血液涌入高层。阿里巴巴是否能够一直保持着最初的活力和激情，时间将给出答案。

面向未来，正如彭蕾所言：“阿里巴巴对于理想主义，对于使命和价值观，对于愿景的追求和执着一直没变。”

马云的雄心是“改变世界”。过去的 20 多年里，阿里巴巴在改变着世界。之后的阿里巴巴又会怎样？这个世界又会怎样？我们又会怎样？这个关于梦想的故事又将怎样出现在未来？而你的梦想又是什么？我们不得而知，但是，只要心中怀揣着梦想，一切皆有可能。正如《造梦者》结尾所讲："不要放弃，你的梦想是这个世界上最大的事情。"

现在的阿里巴巴又提出了一个新的目标：到2030年，阿里巴巴将成为世界第五大经济体。让我们也拭目以待。正如马云所言："理想还是要有的，万一要实现了呢？"

阿里巴巴这个造梦者构想企业持续发展最少102年，就意味着我们横跨三个世纪，能够与少数取得如此成就的企业匹敌。他们的文化、商业模式和系统都经得起时间的考验，让他们得以持续发展。我们以阿里巴巴为例，来看看一个组织发展时是如何在不同逻辑层次上规划和发展的。

愿景：我们旨在构建未来的商务生态系统。我们的愿景是让客户相会、工作和生活在阿里巴巴，并持续发展最少102年。

从马云第一次触电互联网，到建立阿里巴巴这个商业神话，这个愿景始终如一地放大着。阿里巴巴一步步将整个生态系统圈扩大，再扩大，为全球各个角落的企业提供着连接的平台。如果将世界想象成一个巨大的网，阿里巴巴就是这个全球网的编织者。

让数以亿计的商业和社交互动，包括用户和用户之间、消费者和商家之间，以及企业和企业之间的互动相会在阿里巴巴；通过向客户提供商业基础设施和数据技术，让他们建立业务、创造价值，并与阿里巴巴的其他生态系统参与者共享成果，让大家实现工作在阿里巴巴；同时，通过致力拓展产品和服务范畴，让阿里巴巴成为我们客户日常生活的重要部分，让大家生活在阿里巴巴。

使命：让天下没有难做的生意。

基于这个使命，阿里巴巴的销售人员，从最初的“中供铁军”，到后来的店小二，始终在连接着买家与卖家，创造无限的可能性让生意通过阿里巴巴的平台更加容易。即使遇到挫折，也能够找回初心，秉承原则，正确做事。本着这样的使命，阿里巴巴才能够不断提供相关联的服务——电商、云计算、支付宝、菜鸟等来完善赋能企业的方式并支持客户之间的互动。

身份：平台搭建者、连接者、生态系统的创造者。

正是有了清晰的愿景和使命，阿里巴巴才能够准确地定位自己的角色并坚持做好自己的角色。

价值观：阿里巴巴的六个价值观对于他们如何经营业务、招揽人才、考核员工，以及决定员工报酬扮演着重要的角色，该六个价值观如下。

客户第一：客户是衣食父母。

团队合作：共享共担，平凡人做非凡事。

拥抱变化：迎接变化，勇于创新。

诚信：诚实正直，言行坦荡。

激情：乐观向上，永不言弃。

敬业：专业执着，精益求精。

正是有了自己的价值观，阿里巴巴才能够有了判断对错的标准，知道什么事情能做、什么是自己的底线。在《造梦者》中，本着客户第一，阿里巴巴面对“黑名单”事件和“十月围城”等事件做出正确的判断。正是因为有了价值观，阿里巴巴才会几经低谷，保持激情和专业；面对变化，敢于突破与创新；团队协作，共同承担，平凡人创造出不凡的事情。

能力：阿里巴巴的人才观为聪明、皮实、乐观、自省。

2016 年 9 月 24 号，在湖畔大学的课程上，彭蕾发表了“阿里人才观”的主题内部分享，谈到了阿里人所需要的能力。在她的心力、脑力、体力的三力框架结构下，她总结了以下四个词语、八个字的人才观。

- □ 聪明：专业的能力和开放的思维，智商与情商都高。
- □ 皮实：经得起折腾，棒杀和捧杀都没关系，能抗压不骄傲。
- □ 乐观：充分客观理性了解当下真实情况之后仍充满好奇心和乐趣，爱折腾。
- □ 自省：经常反省自身，建议采用团队回顾的方式，不自大傲慢。

行为：阿里巴巴的愿景、使命、价值观指导着阿里人的工作行为。

在阿里巴巴，大家讨论问题时，目标非常明确。讨论会参照公司的愿景和目标。群策群力，积极主动。

环境：对于环境的变化，阿里巴巴的调试性极强。这个敢为天下先的企业，在不断地摸爬滚打，根据环境的变化，积极应对，并且能够为自己创造出更好的环境。

当一个组织做到了自上而下对于组织的愿景（使命）、身份、信念 / 价值观、能力、行为和环境保持一致时，这个组织才会是健康的、良性的、具有竞争性的。所谓上下同心，其利断金正是如此。当组织中的员工清晰组织的愿景和使命，并有共享的价值观和激励体系时，他们就会充分发挥自己的能力或被激励来迅速掌握所需能力，并且在行动中自动自发，勇往直前，势不可当。

案例 5：个人、团队、组织的整体统一

在高效的个人、团队和组织中，人们的行为和能力需要支持关键价值观。同时，这些价值观与身份、使命和愿景统一起来，指导人们在生活和工作中做决策、发展能力和采取行动。在个人、团队和组织这三方面，人们的价值观上面连接着身份和愿景，下面连接着能力、行为与应用的场景和环境，既可以纵向统一也可以横向统一。

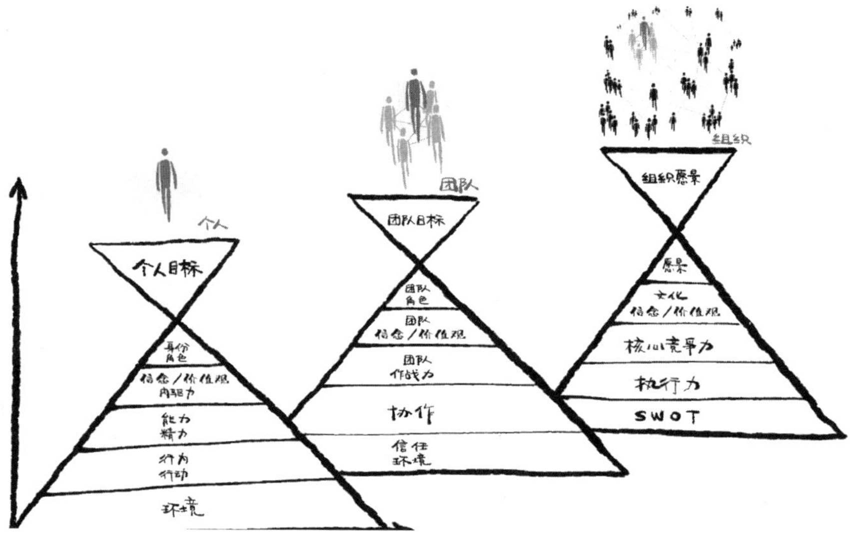

	横向统一			
		个人	团队	组织
纵向统一	愿景	个人愿景 / 精神	团队目标 / 愿景	更大的愿景
	身份	角色 / 雄心	团队角色	使命
	信念 / 价值观	激励 / 许可	共同的价值观	文化
	能力	能量 / 战略	集体能力	战略 / 目标
	行为 / 行动	行为 / 反应	协同合作	行动 / 实施
	环境	机会 / 阻碍	信任 / 环境	SWOT （优势、弱势、机会、威胁）

逻辑层次在个人、团队、组织层面的纵向统一与横向统一

各逻辑层次的纵向统一

无论是个人、团队和组织，都需要逻辑层次的纵向统一。以下简述这三个方面的统一。

（1）个人统一

个人在各逻辑层次都保持一致。

当个人有了愿景，并且清晰自己的价值观，同时也有相匹配的能力（即使当下没有这种能力，但是知道自己现状和未来状态下的差距并知道如何获得能力和资源）时，那么你就会被激励，有动力和热情来采取行动，坚持不懈。即使前面的道路多么坎坷和环境多么恶劣，你也会内心充满阳光和热情，因为你会被愿景和目标引领，动力十足，能量满满。即使在逆境中，你也会越挫越勇，创造环境和势态、抓住机会、茁壮成长。

（2）团队统一

聚焦在团队的共同目标和愿景上。

当一个团队有了清晰的目标和愿景，并且团队高度认同这个愿景和目标时，那么团队就有了前进的方向。为了团队的目标和结果，从而能够向设定的愿景迈步。团队需要有自己的身份认知——我们到底是个什么样的团队？我们的团队有什么特征？我们的团队卓尔不群的地方是什么？同时,团队中每个成员对自己的角色定位也非常清晰。另外，团队成员认可共同的价值观，那么这个团队就是一个高效的团队。在逻辑层次上三层梳理清楚之后，他们的行动会高度一致、相互支持和配合、协作作战的能力会得到充分的体现。当然这样的团队往往在经历了不同的状况之后，有着极强的信任基础。

（3）组织统一

实现组织更大的目标——组织的愿景、使命和战略。

当组织有清晰的愿景时，组织就像海上航行时有了指引航线的灯塔一样。尤其在庞大的组织中，不同业务单元，不同背景的员工，不同的经营地点，不同的文化和体制……由有统一愿景的组织才能够真正地将之联合起来。为了这个美好的愿景，员工和组织也会产生强烈的使命感。而愿景和使命又会对形成组织的文化，以及所代表的价值观产生深远的影响。当组织厘清了愿景、使命、价值观 / 文化时，那么组织才会以此作为制定战略的依据，并将战略有效分解，进行落地实施。而在过程中，组织也需要组织资源，包括人力、物力和财力等，来确保行动方案的落实与执行。当然，这一切，都要根据环境的变化需要做出相应的调整。

逻辑层次的横向统一

在有效体系中，不仅需要纵向的统一，即从个人、团队、组织层面分别做到的统一，而且也需要横向的统一，即将个人、团队和组织结合起来。个人统一后必将对团队的发展做出贡献，同样，团队统一后将对组织做出同样贡献。反之，一个统一的组织将是健康的，给团队提供清晰的要求和方向，并激励团队去达到自己的目标；一个统一的团队必将发挥团队优势并全力以赴地表现，所以团队成员会感觉很棒。

创造价值观统一，迎接改变。

作为教练型领导，当在给个人及团队进行教练辅导时，你可以询问强有力的问题，以唤醒客户并帮助他们找到更大的视野和更大的目的，这些将成为行动的聚焦点。然后，再找到并组织起他们的能力、行动及资源，因为他们需要这些帮助实现更大的目标。

可适用于个人、团队或组织的逻辑层次的问题如下。

关于个人：

① 你的愿景是什么?

② 对于这个愿景，你的角色（使命）是怎样的? 你将把谁当成你的榜样? 你想成为谁?

③ 什么价值观和信念激发你去承担那个角色和愿景? 为什么想成为那样的人?

④ 什么能力是实现愿景所必需的，同时又与你的信念及价值观保持一致? 哪些你已具备? 哪些还需要去获得?

⑤ 你将采取什么行动步骤来达到你的目标?

⑥ 为了实现该愿景，在环境层面你还可以利用的机会和遇到阻碍是什么? 你将如何准备?

关于团队：

① 团队的愿景（目标）是什么?

② 对于这个愿景（目标），团队的角色和使命是什么? 团队要成为什么样的团队?

③ 有什么共同的价值观和一致的信念激发团队去承担那个角色和达到那个愿景（目标）?

④ 团队需要什么能力来实现愿景，完成使命，同时又与团队共同

信念及价值观保持一致？哪些能力团队已具备？哪些还需要去获得？

⑤ 团队将采取什么行动来协作并达到你的目标？团队之间协作的共识是什么？（会议规则，冲突契约、沟通原则，决策机制等。）

⑥ 为了达到该愿景，在环境层面，团队如何建立信任并发挥团队成员的优势？

关于组织：

① 组织愿景是什么？

② 对于这个愿景，组织的使命是什么？组织将为谁做出榜样？

③ 组织需要有什么样的文化来做到使命必达？组织有什么价值观和信念激发员工达到愿景？

④ 组织有什么战略和目标来支持愿景的达到？

⑤ 组织有什么达到目标的行动计划和实施计划？

⑥ 为了达到该愿景，组织所具备的优势和机会，以及威胁和劣势是什么？组织将如何利用优势并抓住机遇，以及如果避免劣势并应对威胁？

案例 6：长效激励

在诸多管理者的挑战中，长效激励和动员员工就是其中一个挑战。

大多数管理者认为升职和加薪是激励他人最佳且唯一的通道。人们常常会听到他们说："我没有办法激励和留住员工，因为没有权利给他升职加薪。"我个人并不反对通过这种方法来认可员工和激励员工，毕竟它是反映认可员工非常直接的体现和方式。但是，管理者需要思考这种做法是否是唯一的途径，是否可以真正地激励员工并且起到长效的作用。

谈到激励，人们自然会想到亚伯拉罕・哈罗德・马斯洛的需求层次理论、美国的行为科学家弗雷德里克・赫茨伯格的双因素理论，以及戴维・麦克利兰的成就需要理论。当然，管理学研究者丹尼尔・平克的驱动力理论也颇受大家认可。

为了使读者更好地了解激励理论，以下总结一下这几位激励理论提出者所阐述的观点和看法。首先，我想澄清一下激励理论的定义："激励理论是指通过特定的方法与管理体系，将员工对组织及工作的承诺最大化的过程。激励理论是关于如何满足人的各种需要、调动人的积极性的原则和方法的概括总结。"激励的目的在于激发人的正确行为动机，调动人的积极性和创造性，以充分发挥人的智力效应，做出最大成绩。其次，我会简单介绍各个激励理论的概要、核心，以及相对激励的要点。最后，看看它们之间的共性，以及与逻辑层次之间的关系。

马斯洛需求层次理论

在 1943 年的《人类激励理论》论文中，马斯洛将需求分为五个层次：生理需求、安全需求、社交需求、尊重需求和自我实现需求五类，依次由较低层次到较高层次排列。在自我实现需求之后，还有自我超越需求。他认为人的需求就像梯子一样是一个从低向高发展的过程，并且认为人的需求是依次提升的。尽管我并不认同这个观点——当低层次的需求之后，人才会思考更高层次的需求。但是，至少他的需求层次理论可以提供这样一个依据：管理者可以根据员工不同的需求来做相应的激励。

第一层次：生理需求，是人类维持自身生存的最基本要求，包括必要的衣食住行、呼吸、睡眠、生理平衡等方面的要求。这些需求大多以物质来体现。如果这些需求得不到满足，人类的生存就成了问题。在这个意义上说，生理需求是推动人们行动的最强大的动力。马斯洛认为，只有这些最基本的需求满足到维持生存所必需的程度后，其他的需求才能成为新的激励因素。所以，如果处于这个阶段，物质激励、增加工资和提高福利待遇应该是最有效的激励因素了。在中国，大多数工厂一线的操作工宁愿多加班争取更多的报酬，也不愿意正常休息足以说明这一点。

第二层次：安全需求，这是人类要求身心健康方面的需求，包括人身安全、健康保障、资源和财产所有性、道德保障、工作保障、家庭安全、心理健康等方面的需求。马斯洛认为，整个有机体是一个追求安全的机制，人的感受器官、效应器官、智能和其他能量主要是寻求安全的工具，甚至可以把科学和人生观都看成满足安全需求的一部分。所以，在这个层次，激励的措施包括创造安全的就业环境，提供职业发展培训和保障，提供医疗保险、失业保险、退休福利和公积金等。

第三层次：社交需求，这一层次的需求属于情感和归属的需求，主要包括两个方面的内容。首先是爱的需求，一是友爱的需求，即人人都需要伙伴之间、同事之间的关系融洽或保持友谊和忠诚，大家彼此关照；人人都希望得到爱情，希望爱别人，也渴望接受别人的爱。二是归属的需求，即人都有一种归属于一个群体的感情，希望成为群体中的一员，并相互关心和照顾。感情上的需求比生理上的需求来得细致，它和一个人的生理特性、经历、教育、宗教信仰都有关系。所以，可以考虑激励的措施为提供同事之间的交流、团队拓展和建设、共同参与体育比赛、家庭日或集体聚会、服务年限奖等。

第四层次：尊重需求，这个层次关注于自尊、信息、成就、外部尊重。每个人都希望自己有稳定的社会地位，自己的能力和成就能够得到他人和社会的承认。尊重的需求又可分为内部尊重和外部尊重。内部尊重，即自尊，是指一个人希望在各种不同情境中有实力、能胜任、充满信心、能独立自主，是一种内在的充实。外部尊重是指一个人希望有地位、有威信，受到别人的尊重、信赖和高度评价。马斯洛认为，当尊重得到满足时，人们会对自己充满信心，对社会有满腔热情，体验到自己活着的用处和价值，活出绽放的状态。这个层次的激励措施可以是公开奖励和表扬、有挑战性的认为、高超的技能和能力、为之奋斗的荣誉等。

第五层次：自我实现需求，这是最高层次的需求，它是指实现个人理想和抱负，发挥潜能、实现理想的过程。这个时期，有无限的创造力以及解决问题的能力，最大的快乐就是通过自己的创造实现理想。马斯洛提出，为满足自我实现需求所采取的途径是因人而异的。自我实现的需求是在努力实现自己的潜力，使自己越来越成为自己所期望的人物。这个层次的激励措施可以是提供自主的时间和空间、根据员工特点和优势而设计任务、将员工个人理想和抱负与工作有机地结合。

其实，在自我实现之后，还有另一个层次，就是自我突破和超越。例如，体育运动员，他们最大的喜悦莫过于突破自己之前的纪录；艺术家在有艺术灵感并进行创作时，会进入忘我的体验；这些高峰体验通常就是我们所说的“流状态”。这时，往往会呈现自我突破并自我超越的状态，个人的能力和层次会得到进一步提升。

双因素理论

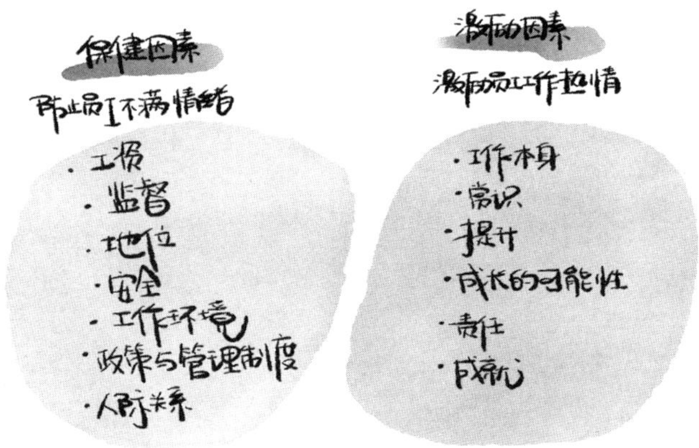

双因素理论

弗雷德里克•赫茨伯格是美国心理学家、管理理论家、行为科学家，以及双因素理论创始人。20 世纪 50 年代末，弗雷德里克 • 赫茨伯格和同事对匹兹堡附近的一些商业机构的专业人士，主要是工程师和会计师做了一次满意度调查访谈。

访谈主要围绕两个问题：①在工作中，哪些事项是让他们感到满意的，并估计这种积极情绪会持续多长时间；②哪些事项是让他们感到不满意的，并估计这种消极情绪会持续多长时间。

基于调查的结果，赫茨伯格着手研究哪些事情使人们在工作中快乐和满足，哪些事情造成不愉快和不满足。

结果他发现，使员工感到满意的都是属于工作本身或工作内容方面的，如工作本身是否符合自己的兴趣、是否具有挑战性，以及它是否带来认可、成长、能力发展、成就感和使命感等。这些因素涉及对工作的积极感情，又和工作本身的内容有关。这些积极感情和个人过去的成就，会被人认可，并与担负过的责任有关。积极感情产生的基础在于在工作环境中产生持久的而不是短暂的成就。这些内在的因素，或者说是与工作相联系的内在因素，往往使人兴奋，能够激励人们奋斗与坚持。所以，这些因素被称为激励因素。而往往感到不满的，都是属于工作环境或工作关系方面的，如公司的政策和管理、薪水、个人关系、工作条件、职务保障等。这些因素涉及工作的消极因素，也与工作的氛围和环境有关。也就是说，对工作本身而言，这些因素是外在的，所以，这些因素被称为保健因素，而它往往使人感到知足。

另外，他们还就被调查者所不满的保健因素做了调整和改进，例如，改进工作环境、增加工资，调整政策和管理等。但是，结果他们还发现消极因素的另一面并非积极因素。例如，我所服务的一家全球化妆品公司，他们原来的办公楼在一座比较老的大楼里面，当时，大家对于办公的条件吐槽甚多。后来，他们搬进了上海静安寺对面的地标楼宇，特别高大上。但是，关于新的办公楼，以及办公条件依然吐槽不断。相比之下，那些新兴公司，很多刚刚开始创业时就在自家的车库、地下室、自己家里办公，但他们依然斗志昂扬。所以，真正长效的激励是触动内在的动力。

成就需要理论

哈佛大学心理学教授和麦克伯咨询公司的创始人戴维·麦克利兰所提出的成就需要理论可谓理论和实践相结合的最佳榜样。他自 20 世纪 40—50 年代起，就开始对人的需要和动机进行研究，之后提出了著名的三种需要理论，并得出了一系列重要的研究结论。他注重研究人的高层次需要与社会性的动机，强调采用系统的、客观的、有效的方法进行研究，提出了个体在工作情境中有三种重要需要的理论。

成就需要

有强烈的成就需要的人往往属于“不用扬鞭自奋蹄”的类型。他们争取成功，有希望做得最好的需要；他们内心强大，自带马达，而且马力十足。他们会设定具有挑战性的目标并且敢于冒险。麦克利兰认为，具有强烈的成就需要的人会全身心地投入工作，渴望将事情做得更为完美，提高工作效率，获得更大的成功；他们追求并享受的是在争取成功的过程中克服困难、解决难题、努力奋斗的乐趣，以及成功之后的个人的成就感；他们并不看重成功所带来的物质奖励，但希望得到及时的反馈与认可，从而了解自己是否有所进步。

权利需要

有强烈的权利需要的人往往属于“与天斗、有地斗、与人斗，其乐无穷”的类型。这种类型的人往往情商较高并且目标感极强。他们影响或控制他人且不受他人的控制。麦克利兰认为权利分为两种：个人权利和职位性权利。无论拥有哪种权利，都希望在决策和不同的场景中有更多的话语权。不同人对权力的渴望程度也有所不同。权力需要较高的人喜欢支配、影响他人，喜欢对别人“发号施令”，注重争取地位和影响力。他们喜欢具有竞争性和能体现较高地位的场合或情境，他们也会追求出色的成绩，但他们这样做并不像有高成就需要的人那样是为了个人的成就感，而是为了获得地位和权力。有权力需要是管理成功的基本要素之一。

亲和需要

有强烈的亲和需要的人往往属于“你好，我好，大家都好”的类型。他们有建立友好亲密的人际关系的需要，即有寻求被他人喜爱和接纳的一种愿望。有高亲和需要的人更倾向于并善于与他人进行交往，为他人着想，这种交往会给他带来愉快。有高亲和需要的人渴望友谊，喜欢合作而不是竞争的工作环境，希望彼此沟通与理解；他们对环境中的人际关系更为敏感，更有同理心。他们往往是团队中的润滑剂。有时亲和需要也表现为对失去某些亲密关系的恐惧和对人际冲突的回避。亲和需要是保持社会交往和人际关系和谐的重要条件。

麦克利兰从心理学和企业管理的角度入手，把他的激励理论广泛地推演到整个人类社会的层面，并用以观察、分析和改造社会，这确实是一项具有开创性的探索。中国在过去 40 年的改革开放中所取得的成就就是最好的例证。一个人有没有强烈的“成就需要”，决定了他愿不愿、会不会、能不能取得事业的成功；一个企业、一个单位有没有强烈的“成就需要”，决定了这个企业、这个单位愿不愿、会不会、能不能获得经营、工作的成功;一个社会是不是具有浓烈的“成就感”氛围，也就决定了这个社会愿不愿、会不会、能不能走向繁荣与富强。所以，关键的核心就在于激发和培养成就感，从而激发内在的驱动力。

驱动力理论

丹尼尔·平克在《驱动力（经典版）》中指出人的驱动力往往来源于三大要素：自主、专精和目的。这些都关于逻辑层次的更高层次：信念/价值观、身份和愿景——做事情的意义是什么？想成为什么样的人？以及所创造的愿景是什么？这些才是真正的驱动力。

无论是马斯洛的需求层次理论，还是赫茨伯格双因素理论；无论是麦克利兰的成就需要理论，还是平克的驱动力理论，要想长效地激励员工，领导者的关键任务就是点燃员工的激情，帮助他们厘清逻辑层次上的问题：我是谁？我想成为谁？为什么我想成为这样的人？我能够创造的更大的愿景是什么？这样，员工才能够开启自己内在的动力，做到自我激励。当他们内在的动力启动时,他们就开启了内在的小马达，动力十足；当他们找到生活和工作的意义，他们就能够找到自己前行的方向并被之吸引，去探索、发现、成长，活得明白和通透。

案例7：有效反馈

当人们给予反馈时，应该聚焦在逻辑层次的基础层次上——环境和行为，这样的反馈才会客观，才会让人观察到具体的事实和行为，也才会更加有效。如果反馈是积极正向的，则被反馈的人才会知道如何强化自己有效的行为；如果反馈是有建设性的，则被反馈的人才会知道如何调整与改进。在提升教练型领导的能力时，除需要了解 BASIC 原则外，还需了解 SARS 原则。

Situation（情境）：反馈时，应该先描述一下所反馈的事情的场景——何时？何地？什么事情？

Action（行动）：所观察到的具体行为——行为的具体表述，而不是你的判断和猜测。

Result（结果）：行为所产生的结果、影响，以及感受。

Suggestion（建议）：如果行为所产生的影响和结果是负面的，你希望对方所调整的行为建议。如果结果和影响是积极正向的，你希望强化的行为，以及鼓励和支持。

以下为运用 SARS 原则的例子（积极正向的反馈）。

Situation（情境）：在上周二的管理会议上。

Action（行动）：我注意到你在观察到有些团队成员沉默不语或者并不认同时，你会问道：“你的想法是什么，以及想法背后的支撑因素是什么？”然后给他们时间思考并阐述自己的观点。

Result（结果）：这样，我们会看到多方位的视角、了解到更加全面的信息，对团队形成共识，以及决策也会更加有利。同时，因为大家积极参与讨论，所以在后期执行的时候，大家的承诺度会更高。

Suggestion（建议）：希望你继续保持这样的行为，为团队做出榜样。

以下为运用 SARS 原则的例子（建设性的反馈）。

Situation（情境）：在上周二的管理会议上。

Action（行动）：我注意到当团队的其他成员与你的想法不一致时，如张昭和王伟刚刚开始他们的陈述，这时你就说道："我不同意你们的看法，我认为你们的想法是错误的。我的想法是……"

Result（结果）：结果，我们的会议变成了一言堂，团队也失去了从其他视角看问题的机会，决策并没有经过充分的讨论，会议结束时，也没有达成高度的统一和认可。这样，也会影响后期工作的执行和推进。

Suggestion（建议）：希望你在大家讨论时能够先聆听他人的想法，然后陈述自己的观点。这样，才能听到完整的和更全面的信息。在充分讨论之后，大家的参与度和承诺度才会更高，后期推进才会更加高效。

逻辑层次的其他应用

除了上述的应用，逻辑层次的应用无时无刻地渗透于人们的生活和工作中。可以尝试将其应用到不同的领域。以下列出几个我经常应用的其他场景。

- □ 自我介绍。如作为一个教练和培训师，我会经常在各种场合做自我介绍，那么我往往会用逻辑层次的方法来进行，问："我是谁？我的愿景和使命、我的经验和能力、我的互动方式和方法，以及在工作坊或互动中所创造的环境和氛围是什么？"使用这种方法，可以在短时间内，进行有效的沟通。
- □ 人际沟通。在人际互动时，如果了解逻辑层次，就会知道你在什么层次与人互动。那么沟通就会更加有效。
- □ 问题解决。当人们遇到问题并"卡在"逻辑层次的较低层次时，则应让他们来体验更高的逻辑层次，这样问题就会迎刃而解了。例如，当一个朋友跟我说，想让女儿上理想的学校太难了，对此她感到无能力为力时，我就提出了一些更高逻辑层次的问题：为什么女儿上什么样的学校如此重要？你想成为一个什么样的妈妈？假如女儿上了理想的学校，那么未来又会怎样？当她探索并回答了逻辑层次关于愿景、身份、信念 / 价值观的问题后，她就明确了目标和未来的方向，动力十足，积极地想到了各种办法，最终让女儿进入了理想的学校。
- □ 文化落地。这个在企业中尤为重要，如何能够将企业的愿景一步步转化为行动和实施方案。逻辑层次的梳理可以实现一步步的转化。

□ 企业并购与整合。在企业并购之后，面临不同文化和背景，以及操作模式的不同，运用逻辑层次可以让大家澄清整合后共同的愿景（使命）和价值观。然后，再判断能力和资源的优势，从而采取相应的行动。这样，才会实现真正的融合，将优势发挥得淋漓尽致。

4. 迪士尼创造性策略：梦想者、实践者、批评者

迪士尼创造性策略，是受华特·迪士尼的启发，由罗伯特·迪尔茨总结的一套创造性思考工具，帮助人们创建梦想并将之转变为现实的过程。

从高中辍学的华特·迪士尼几次历经商业的失败和破产，但他用独特并富有想象的方式克服了个人和财务的挑战，从而创造出了一个制造快乐的娱乐王国，触动人们的心灵、思想和情感。

他用一个词来概括他的创新和创意：想象工程（Imagineering）。这个词其实是两个词的有机结合："想象"（Imagination）和"工程"（Engineering）。正是想象工程的思维方式帮助迪士尼将虚幻的梦想变成了具体的现实。

迪士尼发现梦想并通过电影故事或其他形式，让这些梦想成真，给大家带来欢乐和美好的体验。迪士尼的成功不仅需要实现梦想的力量，还需要实干家的一步步规划和实施，以及批评者的不断挑战。据

说与迪士尼紧密工作的同事曾经经常提及："事实上有三个华特·迪士尼——梦想家、实干家和批评家。你永远都不知道哪个迪士尼会来开会。"

1994 年，罗伯特·迪尔茨将迪士尼的策略建模并发扬光大。善于解构事情的他这样描述迪士尼创新的能力："华特·迪士尼将他的创新用于将成功的商业战略与大众流行趋势有机结合的能力使之真正成为娱乐领域的天才。从某种意义上来说，这就是迪士尼所选择的表达方法。"在研究华特·迪士尼这个创意天才如何将一个奇特的且天马行空的想法变成现实时，他将华特·迪士尼所运用的不同角色总结为迪士尼策略：梦想家、实践家和批评家。迪士尼策略是一个非常行之有效的将想法一步步变成现实的工具，在企业中，可以运用到对项目发展的梳理上。

迪士尼策略包含了三个主要的角色：梦想家、实践家、批评家。每个角色代表了一种思考的风格，可以按照以下顺序加以应用。

迪士尼策略流程图

梦想家："想象阶段"，聚焦于"创造未来"

梦想家主要发挥其天马行空的创造力并进行充分的想象。在一个过程中，梦想家的焦点是关注未来希望达到的目标的画面。这个阶段的想象没有任何限制，思维可以超越现实的束缚，用强烈的视觉来构想未来梦想的画面，以及各种有创意的可能性。在梦想家阶段，强调的是拓宽对一个计划或想法的理解。这个阶段关注的焦点是产生一个计划或想法的内容，是关于以"什么"开头的问题的答案，如"假如一切都能够发生，你想要什么？"按照迪士尼的说法，一个梦想家的功能是在他自己的脑海中清晰地看到一个故事（或计划）中的每一个细节是如何组成的。梦想家的目标包括：用积极正面的语言来陈述理想状态下的目标。要像一个梦想家一样思考，让自己自由地放飞梦想。

在梦想阶段，可以提的问题如下。

① 假如一起皆有可能，你想要做什么？

目标是：____

② 为什么这个目标对你来说如此重要？它更深层次的意义是什么？

目的是：____

③ 假如目标达到了，给你带来的益处是什么？

这件事的益处是：________________________________

④ 你如何知道目标达到了？

目标达到举证：__________________________________

⑤ 你想通过这个想法创造的未来是什么？

这个想法将创造的未来：______________________________

⑥ 假如你的梦想实现了，你想要成为什么人？或更像谁？

我（我们）想成为____________________________________

实干家："实施阶段"，聚焦于"行动计划和里程碑"

实干家就是将梦想家的梦想变为现实。其目的是把梦想变成可以付诸行动的计划和产品。有次看到蚂蚁金服前 CEO 彭蕾的一个采访，其中有一句话给我的印象特别深刻："马云就是天马行空的一个人，他谈到的都是梦想、愿景和价值观等（马云是个梦想家），而我的责任就是将这些梦想不遗余力地执行下去，变成现实。"此时的彭蕾是多么踏实的实干家啊。作为一个实干家，你想要采取行动。假如这个梦想是可行的，那么你关注的焦点是实现梦想所需要的行动和步骤。你主要的焦点是如何实现计划和想法。

与梦想家阶段相比，实干家阶段更倾向于行动导向。为了未来的目标和梦想，有策略和有计划地向目标迈进。实干家通常更关注方法和操作步骤。他关注的主要是：如何有计划地来实现梦想和目标……

要像一个实干家那样思考，你的关注焦点应该是如何付诸行动。假如梦想是可以实现的，还应该强调具体的行动并明确短期的行动步骤。

在实施阶段，可以提的问题如下。

① 整体目标什么时候实现？

实现这个目标的整体时间安排是：________________________

② 这会涉及谁？（给那些将要执行计划的人分配任务并确保得到他们的承诺。）

主要角色包括____

③ 具体来说，这个想法怎样能够实现？实现目标的步骤如下。

第一步是什么？

____

第二步是什么？

____

第三步是什么？

____

④ 你是在朝着目标前进还是远离目标的那个持续不断的回应是什么？

一个有效的、持续不断的回应是：________________________

⑤ 怎样知道你实现了目标？

当_________________________的时候，我知道我实现了目标。

批评家："改变阶段"，聚焦于"潜在风险与挑战"

在批评家的阶段，其目的是评估提交的计划或项目，寻找潜在的问题和"遗漏的环节"。这里的批评家不是为了批评而批评，而是从不同的视角来挑战行动计划，使之更加完善。

要成为一个有效的批评家，有一点至关重要，那就是从那些可能影响计划或可能被计划影响的人的理解角度（不管影响是正面的还是负面的）出发，考虑他们的需求和反应。在批评家阶段的主要目的是在一个具体计划或解决方案中，发现潜在问题和遗漏环节。批评家的战略是：通过采取不同的观察角度，发现遗漏环节并避免出现问题；其中的遗漏环节是通过思考“如果问题发生了，会出现什么情况”这个问题予以发现的。要像批评家一样的思考，预测可能出现的风险和挑战。

在改变阶段，可以提的问题如下。

① 这个新想法会影响到谁？谁是核心的利益相关人？

最受这个计划影响的人包括______________________________

② 他们的需求和顾虑是什么？

他们的需求和顾虑是：__________________________________

③ 为什么有些人会反对这个计划或想法？

有些人会反对这个计划，如果____________________________

④ 在现有的做事方法中有什么积极正向的影响？当实施新想法时，你如何保留那些积极正向的影响？

现在的做事方法积极正向的影响是：______________________

这些积极正向的影响将通过________________保留下来。

⑤ 新的计划有可能面临的挑战和风险是什么？

可能面临的挑战和风险是：______________________________

⑥ 从这个计划来看，现在还需要什么或缺失什么？

从这个计划来看，现在还需要什么或缺失的是：____________

⑦ 对于这些潜在的风险和调整，你将如何克服，从而达到目标？

后备计划是：____

迪士尼策略使用案例

L 公司是与我们常年合作的一家全球化妆品企业，下属有二十几个知名品牌，包括护肤、彩妆和护发等不同等功能。2014 年，在成功地帮助中国研发创新中心辅导他们跨部门合作项目之后，我们应邀给日本的研发中心来做类似的项目，分别为护肤、彩妆和护发三个实验室梳理它们的跨部门的合作项目——驱动合作，达到目标。三个实验室都有确定的正在进行或马上开展的合作项目，并且每个实验室大概有七个具体项目。在工作坊开始之前，已经确定好了项目名称、项目领导者和团队成员。

至今记忆犹新的是工作坊的前一天晚上，我带着自己的团队在会议室约见各个项目组的领导，简单地了解每个项目的情况，为第二天的工作坊做好准备。其中有位负责发质研究项目组的领导，我们暂且称他为 A 君。在与 A 君讨论他的项目时，基本上已经是晚上十点钟左右了，他当时一脸茫然，不知道究竟如何开展自己所带领的项目。面对这样的状态和情况，我笑了笑跟他说："没关系，回去好好休息一下，积蓄能量，明天在工作坊现场我们再探讨。"

第二天早上八点半，我们就按计划开启了工作坊 。在简单介绍了当天的议程和内容之后，我又让现场参加的七个项目组领导介绍了自己的项目名称和团队成员。轮到 A 君时，

我问道："A 君，当下感受如何？"

他回答："非常沮丧，因为我们的项目一团乱麻。"

然后，我面带微笑，接着问道："那么，在今天工作坊结束时，你希望达到的成果是什么？又有什么感受？"

"我希望有个清晰的想法，并知道如何来实现。如果能够看到这些，我想我会非常开心。"这个时候，他也笑了。

我接着问："好的，那么，就带着你的好奇和期待，和你带领的团队一起共创，展望你们的愿景和目标，并且能够让它们落地执行，变成现实吧。"

他满心欢喜地说道："我也期待着啊！"

之后，我跟大家分享了"迪士尼策略"的理念，以及如何将其运用到项目发展中，以帮助大家梳理自己的项目。接着，我跟大家说："让我们用'迪士尼策略'现场辅导一个项目，好吗？"这时，大家点头回应。这时，我将目光转向了 A 君，他会心地笑了。"好吧，让我抓住这个机会吧。"

接下来，我首先和 A 君就他所带领的项目进行了一对一的教练辅

导，然后，带着七个项目小组同时进行了团队教练的辅导。

教练：A 君，非常高兴有机会能够跟你一起探讨你的项目。也感谢你跟大家一起分享你的项目啊。

A 君：非常感谢你给我们项目团队这个机会，这样，我们现场就可以梳理一下自己的项目。

教练：那么在接下来的有力的且神奇的 60 分钟里，你最想达到的成果是什么？

A 君：如何清晰地找到项目推进的方法？

教练：为什么这个话题对你来说这么重要？

A 君：我现在带领的项目叫作“护发产品质感突破”。尽管我们立项了，但其实如何做，做成什么样子，我也没有把握。假如我有方法了，我就知道应该如何实施了。项目组的成员也就有了明确的方向。我们的项目就会按计划来进行，能够确保团队按时完成项目。

教练：那么，假如这些都实现了，对你意味着什么呢？

A 君：我就轻松了。毕竟，这是我负责的项目，作为项目组领导，我希望看到我们的项目成功。如果项目成功了，我也非常有成就感。我这个领导还做得不错，算是一个合格的领导。

教练：那么，你怎么知道你拿到了想要的结果呢？

A 君：如果能够在我的项目上有所突破，并且有清晰的方法，我觉得就 OK 了。

教练：突破指的是什么？

A 君：有了突破性的创新的想法。

教练：那么，在 1 分到 10 分的清晰度上，1 分代表刚开始清晰，10 分代表十分清晰，现在你就如何清晰地找到创新的想法并且知道如何推进项目的清晰度有几分？

A 君：大概 4 分。有点想法，但是，仍然不知所措。

教练：那么，到我们辅导结束时，你希望清晰程度能够有几分？

A 君：8 分的清晰度。

教练：我来总结一下。今天你想要清晰地找到创新的想法并且知道如何推进项目的进展，对此的清晰度从 4 分提升到 8 分，从而会给团队带来方向，你也会感到轻松和以此带来的成就感。这就是我们要探讨的主题，是吗？

A 君：是的。

教练：那么，准备好了，让我们一起来玩一下吧。

A 君：准备好了。

（这时，我拿出事先准备好的三顶帽子，上面分别写着：梦想家、实干家、批评家。另外，也拿出了三张 A4 纸，上面也同样写有这三个词语。依次摆放在地上。）

教练：首先我想邀请你带上“梦想家”的帽子，站在这个位置上，天马行空、无拘无束地来想象理想中的项目情况。假如说，一切如你所愿，那将是怎样的场景？

（这时，A君抬头仰望着右前方，若有所思，然后，慢慢闭上了眼睛，过了一会，他嘴角有一丝微笑。）

A君：眼前呈现的场景是我们的研发产品投放市场，就在银座的某商场。我们的护发产品不仅能够让客户享受丝般柔滑、光泽炫亮、极美极艳的发质，而且连包装都是分不同系列的，如美少女系列——粉粉的、很可爱；另外，也有不同的味道——樱桃、橙子、苹果等；还有就是当你将护发香波挤出来的时候，甚至会发出喵喵、汪汪、咩咩等声音，非常神奇。当然，还有熟女系列和男士系列。每个系列都会有它们独特的特点。

教练：你还注意到了什么？

A君：我还看到消费者们将新上市的护发产品团团围住，就为了争先恐后地购买一瓶心仪的护发产品。这时候，还听到有个青春美少女对结伴而来的美眉说："这款樱桃小丸子系列的护发产品好可爱，用起来好舒服，就像被男孩子电到的感觉，好爽啊。"而此时，我们的团队成员也在现场见证着这激动人心的时刻，每个人脸上都面带微笑，非常满足。

教练：此时此刻，你的感受如何？

A君：我感觉好极了，非常开心、满足、享受，颇有成就感。

教练：我想邀请你将这个场景拍照留念，深深地留着你的脑海里。

好吗?

A 君：非常愿意。

（这时，A 君慢慢地睁开了眼睛。）

教练：如果你准备好了，我们继续。

A 君：我准备好了。

教练：接下来，让我们带上“实干家”的帽子，走到这个位置。为了使我们能够梦想成真，你会如何规划目标?

A 君：整个规划估计需要一年时间。从现在到产品上市的过程也相当复杂，需要仔细地做规划。

教练：那么，在这个过程中，有哪些关键的人需要参与?

A 君：需要原材料的筛选和确定，实验室测试，出样品，以及联系市场部的同事开发故事线。还需要通过认证，之后，才可以批量生产。当然，还需要负责包装的同事来设计能够发出不同声音的小泵。

教练：为了使上述所描述的事情能够实现，你要做的关键的第一步是什么?

A 君：第一步，我需要做的是与团队制定一个规划方案并以项目管理图的形式呈现，然后与项目的利益相关人进行沟通。尽早让大家清晰我们的目标及愿景，邀请他们参与并支持我们的项目。

教练：第二步，你打算如何做呢？

A君：我们要聚焦主打系列。我想将“美少女系列”作为首推的重点，因为它适合的女性消费者会更广。先确定产品的款项有多少，然后，就每款产品通过五种感官（视觉、听觉、嗅觉、味觉和触觉）来凸显产品。这样，我们就可以确定相匹配的产品配方。研发这方面，我们已经做了很多准备，希望根据主打系列做相应的调整。

教练：第三步，你会如何行动？

A君：与认证审批的同事沟通何时可以申请到许可证，并且与市场部的同事沟通，来看看他们的故事到底如何发展。

（当然，A君还有更多的行动阐述，我在这里就不一一赘述了。）

教练：那么，从今天开始到一年之后，你会如何安排这些行动，以及重要的里程碑是什么？

A君：第一步，我会在两星期之内完成；第二步，估计需要一个月；第三步……（此时，A君也列出了一个时间线和关键的节点，以及流程跟踪等。）

教练：关于这个部分，待会还可以与你的团队一起优化得更好一些。

A君：好的。

教练：OK，如果你现在准备好了，我们就再换一顶帽子，如何？

A 君：好的。准备好了。

教练：现在，带上“批评家”的帽子，走到这个位置上。作为一个智慧的批评家，从他的视角来看，他会有哪些不同的看法？

A 君：（沉思了一会……）我估计首先提出反对声音应该是没有参加此次工作坊的利益相关者，他们可能问：“为什么我要参与？我能从中得到什么？”另外，大家也有可能觉得主推产品太复杂，难度大，毕竟有许多创新。还有，进度也比较赶，一般来说从产品研发到新品上市需要更长的时间……

教练：还有哪些潜在的风险和挑战？

A 君：有可能在我们项目推进的过程中，市场发生了变化，然后市场部就让我们一直调整，之前也曾经发生过类似的情况。另外，新品上市有可能会对现有成熟品牌产生冲击和影响，但这应该是市场部所考虑的问题。

教练：还有什么？

A 君：因为工作量大，时间紧迫，有可能需要更多的加班。

（此时，A 君还列举了一些其他的不利因素。）

教练：刚刚我们听到了这些不同的声音和看法。让我们回过头来再次审视“实干家”所做出的行动方案。你会如何调整，使之更加优化？

A 君：首先，我会先去跟最重要的利益相关人，我们的高层管理者沟通，得到他们支持；然后，再让其他利益相关人参与项目计划的讨论。这样，大家群策群力做出决定并且都能看到目标达到后的愿景，那么大家的清晰度和参与度就会更高。其次，要让大家知道我们为什么需要更加创新的想法，这样才能区别于竞争对手，保持我们的竞争优势，所以即使我们时间紧、任务重，但是想象挑战项目给我们带来的成就感和能力的精进，这都不算事，因此我要先做好我们项目团队内部的统一。最后，关于不停变化的市场和需求，我们要再次与市场部确定市场的趋势和需求，这样，我们就更加有针对性。关于其他的因素，待会会跟我的团队一起来讨论。

教练：看来你已经有了调整的方案，稍后你可以细化你的方案。

A 君：会的。

教练：那么时间也差不多了，在结束辅导之前，我想核实一下。刚刚你谈到对于今天想达到的目标，你的清晰度有 4 分，那么现在有几分了？

A 君：肯定超出了我的预期 8 分了。

教练：那么，还有哪些因素或行动能够使你的清晰度更高？

A 君：我相信待会团队进行脑力激荡，共同探讨一下会更加清晰。

教练：我相信。那么，今天的教练辅导给你带来的收获是什么？

A 君：刚刚上来的时候，一团乱麻，现在，抽丝剥茧，非常清晰。也非常感谢你。

教练：不客气。另外，还想问你一个问题——假如这件事情成功完成了，那么，对你今后的工作和生活又会有什么更深层次的影响?

A 君：会让我自己更有信心接受新的挑战，不断地超越自己。无论面临何种状况，都能够坦然应对。

教练：也期待着你的成功啊!

A 君：谢谢!

在结束了与 A 君的教练辅导之后，他回到了自己的团队。接着，参与工作坊的七个项目组，在我的带领下，一起运用迪士尼策略这个教练工具来梳理各自的项目。大家一起戴上梦想家、实干家、批评家的帽子，群策群力，平行思考。在整个过程中大家积极参与讨论，相互碰撞思想，逐步地将创新的想法变成现实。之后，大家再回到行动方案上进行优化和调整，使之更加具体，更加落地，更加能够确保后期的执行。

为了使得各个项目更加完善，在项目组完成自己的讨论并呈现之后，每个项目组成员坐在整个部门面前，呈现自己项目的行动方案。这时，其他六个项目组会提出一些挑战的问题，让呈现的小组思考得更加深刻。同时，如果需要其他项目组的支持和帮助，以及提供资源，也可以发出邀请。工作坊结束时，每个项目组长都信心满满，踏实笃定。

这时，我又让A君跟大家分享了当时的收获和感受。此刻，满脸微笑的A君用了两个词：释放和轻松。

5. 感知位置

人们总是说："设身处地，换位思考。"是的，说起来容易，做起来难，因为我们总是用自己的视角来看待世界。

从本质上来说，感知位置就是指选用特定的观察角度，或者观察点来感知。当你处在某个位置时，你能够了解相关的处境或者互动关系。它也是一种通过不同位置来体会不同的视角，其目的就是多维度地思考。俗话说："在你批评别人之前，穿上他的鞋子走一里。"换言之，就是设身处地为别人着想。除非我们站在他的立场，经历他所经历的，否则我们不能真正理解他人。台湾歌手苏芮曾经唱过《牵手》，当时，这首歌红遍大江南北。其歌词颇有道理，也解释了换位思考的重要性。

能够感受他人的感受，从不同的视角看事情的能力是个关键的能力。如果你能够真正地站到不同的视角，理解他人，用更加有效的方式与之沟通，那么可以彼此理解、增强关系并加强互动。从不同的视角看待事情，人们才会更加客观地看到事情的多个维度和相对的全面性，就像人们不停旋转多角度的万花筒，就能够看到这个世界的丰富多样和多变复杂一样。

在企业中，领导者感同身受和从不同视角看问题的能力，也决定了一个领导者的视野和胸怀。一个从全局和不同视角看待事情和做出决定的领导者，往往能够让他人更加信服，并且也更加能够获得他人的尊重。通常，这样的领导者往往情商很高，不仅能够感知自己的情绪以及做好自我管理，同时，也能够感受他人的情绪以及积极正向地影响他人，迈向共同的未来。那么，感知位置就是一个非常有用的工具，可以帮助领导者们跳出框框，站到不同的位置来思考并且能够从大局出发来解决问题，达到积极的成果。

感知位置的第一个位置是指通过自己的视角来进行观察、体验与之相关的事物，即“第一人称——我”的观察点。第二个位置是指站到另一个人，即“第二人称——你”的观察点，来体验周围事物和互动关系，就像你附身在他的身上一样。第三个位置是指从第三只眼睛来观察，即“第三人称——他”或者“旁观者”的视角来观察我们和他人的关系。第四个位置是指从整个系统和综合的角度，即“我们”的角度来观察整个事情和参与人的互动关系。

感知位置

第一个位置——自己 / 我

第一个位置是我的位置。就自己的经历，从自己的视角来看待事物，也称为完全关联的位置。站到“我”的位置，描述自己对事物或事件的理解、观点和感受。从自己的观察角度来体验事物、处境和关系，强调“我”如何看到、听到和感受事情。这时的我是完完全全地投入，用自己的眼睛、耳朵和感官来观察相关的事情和周围的世界。这时的我，完全投入自己的身体和自己的心灵世界。现实就是：站在自己的角度来体验当下的事情，我看到了、听到了和感受到了什么？

第二个位置——你

第二个位置的关键是他人。在互动中，假设自己转换到另一个人的观察角度，即“你”的角度。如果互动中存在多于两个人的情况，那么“第二个位置”可以是多个的。通过另一个人的视角、信念、态度、价值、思想、偏见、经验来看待事物和这个世界。当自己置身于“他人——你”的位置，你将会成为他人，并体验他们所看到、听到和感受到的对他们来说重要的事情。就像你是个演员并扮演他的角色一样。将自己融入他的身体和心灵里，身临其境地体验另一个人的过程。现实就是：假如你站到他的视角并体验这件事情，你看到、听到和感受到了什么？

在这个位置上的没有必要一定是人，也有可能是一幅画、一个动物、一棵树或者其他任何能与你沟通的物体。

第三个位置——观察者 / 直升机 / 鸟 / 老板 / 教练……他 / 她 / 他们

第三个位置就像在一架直升机上一样，从沟通的外围，纵观全局地观察到第一个和第二个位置。在这个位置时，暂时将自己放到沟通互动关系之外，就好像在互动过程中，你是旁观者，而不是一个参与者。这是一个非常有用的位置，可以收集信息并关注到他们的互动关系，以及相互行为之间的状态。这是个抽离和超然的位置，作为观察者从更高的视角来看。这件事情对他人（你的老板、HR、其他的利益相关人、顾问、教练……）来说如何看待。从第三只眼睛来看待问题和事情，往往会给你更加客观、中立的视角，能够让人们跳出思维的框框。从第三者的位置，关注双方互动并理解他们。现实就是：他是如何看待整个事情和世界的，他看到了、听到了和感受到了什么?

第四个位置——我们

在第四个位置上就是综合其他三个位置之后，使人将所有的点都连起来，产生“整个系统”的感觉。体验了不同的视角，现在我们可以做什么? 我们这时可以跳出事情本身之外，从我们的视角来展望未来并创造未来。这个位置往往使得我们产生“团队意识和团队精神”，让我们共创美好的未来。当我们使用这个位置时，也可以加上时间线，这样，你将获得更宽阔的视角。

另外，第四个位置也可能是综合了所有位置，一个整个系统的位置——公司、家庭、环境、社会等。站在这个位置，你能够观察到其他位置的起源和影响以及他们的互动关系，并且注意到超越了个人、身份、部分和关系的更大模式。

感知位置的运用案例

几年前，在上海受邀参加中福会幼儿园的家长年会，与参与的 100

多位家长分享教练型父母。其实，当时孩子们已经是小学四年级的学生了，只是孩子们曾经都在中福会的幼儿园学习，而家长们也想借机联络一下感情。作为父母，如何成为孩子的教练？通过更多有力提问，让孩子有更多的思考。其间，我分享了感知位置这个教练工具以及一个具体的案例。没想到在活动一结束，就有一个家长，大概四十多岁，找到我并向我诉说他现在面临的困惑，询问我是否可以就这个话题对他进行教练辅导。看着他迫切的面孔，我就欣然答应了。

之后，我们找到了一个稍微安静的沙发坐下来。我们就暂且称他为王健先生。以下就是我和他的一段教练对话。为了方便记录，我就分别用教练和客户的称呼了。

教练：首先，先感谢你的信任，也很高兴有机会就你面临的困惑来探讨一下。

客户：也非常感谢你能抽出时间来帮助我啊。

教练：刚刚你谈到你目前面临一个困扰你的事情。你能简单地说一下吗？

客户：事情是这样的。我是一家民营企业的副总，主要负责技术和研发。半年前，我的一个下属被提升做了副总，主要负责对外事务，即销售和市场。刚刚开始也没有什么问题。但是，随着对工作的认知不同，我们的分歧越来越大。导致我们经常就某个话题进行争论。因为他之前是我的下属，所以他一般不跟我有正面的冲突，有时甚至会躲着我。但是我强烈感觉到我们之间的紧张关系，而目前的这种关系让我非常难受。

这不是我想要的。

教练：既然这不是你想要的，那么，你真正想要的是什么?

客户：我真正想要的是我们如何更好地互动与合作。

教练：那么，在我们接下来的探讨过程中，你最想达到的目标是什么?

客户：我希望能够厘清我们之间的关系并找到有效互动的方法。

教练：这个话题对你的重要性是什么?

客户：假如我能够找到恰当的互动方式，那么我们之间的工作就会有章法，那么工作效率就会提升，工作时也会更加顺畅和开心。

教练：假如这一切都实现了，对你意味着什么?

客户：我也就不纠结了。

教练：如果不纠结了，那么你会有什么感受?

客户：轻松、舒服。

教练：那么，当下你对如何厘清你们之间的关系并找到有效的互动关系这件事情的清晰度如何? 假如 1 分代表有一点点清晰，10 分代表十分清晰，那么你现在的清晰度大概有几分?

客户：大概 5 分。

教练：你希望在我们对话结束时，你的清晰度能达到几分?

客户：当然越清晰越好了，至少有 8 分的清晰度。

教练：你怎么知道有 8 分的清晰度了？

客户：我有非常清晰的思路以及如何打破现在僵局的方法。

教练：还有呢？

客户：还有，就是感觉。我能够感觉得到。

教练：感觉。当你有什么样的感觉时，你就会说："这是我想要的。"

客户：例如，这些方法让我感到非常清晰，我知道第一步该做什么，第二步和第三步该做什么。此外，对想要达到的目标也非常清晰。

教练：有清晰的目标和行动步骤。那么，让我们用一句话概括总结一下刚才的内容。你今天希望通过此次的谈话，厘清你们之间的互动关系并找到有效的互动方法，这样可以让你更加轻松、舒服并且让你们之间的互动关系更加顺畅和高效。你目前的清晰度是 5 分，希望对话结束时，提升到 8 分的清晰度，即清晰目标和行动步骤，是吗？

客户：是的。

教练：接下来的时间，让我们一起来探讨一下吧。

客户：非常期待着……（微笑着说。）

教练：王健，我首先想要你站在自己的位置和视角来看待你们之间的互动关系。这时，你观察到了什么？你如何看待现在的关系？

客户：站到我的角度上来说，我觉得我们之间的关系变得微妙和复杂了。之前我们是上下级关系，我们可以很坦诚地来沟通一下事情。就某些事情，我也会给出我的指导意见。我们两个人的配合也非常默契。而现在我们的关系变得小心翼翼，特别地谨慎。他不再像以前一样跟我无话不谈。有时明明我们可以直接沟通，解决一些问题，他却要汇报给 CEO 来决策。那么，我们的决策就会慢下来，工作的进度也会缓下来。

教练：那么，你感觉如何？

客户：我感觉不被信任。现在有一种被疏远的感觉。有时，我们有不同意见时，他也不直接跟我说，躲着我，这样让我会觉得更不舒服。

教练：当你遇到这种情况时，你又会有什么表现？

客户：我也懒得理他，也不给他太多的解释。所以就越来越疏远。本来他是我带出来的，应该非常亲近。

教练：还有哪些发现？

客户：我也感觉到因为我们两个的原因，我们两个部门的互动关系也受到了影响。经常磕磕绊绊的。没有齐心协力。

教练：好的。现在我想邀请你站到对方的位置和视角来看看你们之间的互动关系。你就是那个之前的下属、现在的同僚，你观察到了什么？你又有感受如何？

客户：（此时客户停顿了一会，在想如何进入这个角色……）其实，我非常感谢我的导师，在我的职场生涯发展中，他给予了我帮助和机会。但是随着角色调整，我的视野和工作性质也发生了变化。我不再是一个职能部门的执行者，上面有老大支撑着。我是一个业务部门的负责人、一个决策者。所以，我需要站到更高的视角来看业务并做出对整个公司更有利的选择，而不只是听从你的安排和命令。我希望你能理解。

另外，当我们有分歧和意见不一致时，我也希望我们能够开诚布公就事论事，而不是听到您说："如果没有我，哪能有你的今天？"当我听到这些时，我感觉很委屈和左右为难，同时感觉没有真正地被认可和尊重。一方面是我的恩师；另一方面是对工作负责，我不知道该如何选择。所以，如果有冲突时，我宁可息事宁人，也不希望自己在别人眼中是那种忘恩负义之人。基本上，我就会采取逃避的方式。

与此同时，也会寻求CEO的支持，毕竟工作还是要做。我也不能辜负公司对我的期许和要求。

教练：处于这样的状况，你感觉如何？

客户：我感觉被卡住的感觉，一方面想做好工作，另一方面又不想得罪我的导师。其实，就是挺难受的。

教练：现在，我想再邀请你站到另一个位置，CEO 的位置来看看你们之间的互动关系？他有哪些观察，他的感受如何？

客户：（思考了少许……）本来以为他们俩的互动关系应该是最好的，因为之前有合作和信任的基础。他们也可以真正成为的我的左膀右臂。但工作调整了半年多，这两个人反而成了我的痛。为了他们能够互不干涉，我对工作也进行了调整，一个主要对内，另一个主要对外。但是，他们还是需要合作的。而当下的状况，也是我不想看到的。我的核心团队不能凝聚在一起，这个让我很抓狂。对此状况，我感觉身心俱疲，焦头烂额，不知道还能撑多久。

教练：假如有一天，CEO 撑不住了，需要干掉一个，你估计谁会是被干掉的那个人？

客户：（有点吃惊，但很快也平静了下来。）估计会是我。

教练：这是你想要的结果吗？

客户：不是。

教练：那么，你想要的结果是什么？

客户：相互配合和支持、相互成就、达到公司的目标并将公司发展壮大。

教练：假如，现在有个摄像机在记录着你们的互动关系，这时，你观察到了什么？又有哪些发现？

客户：我观察到了王健、一个副总、CEO 之间的关系本来可以顺畅，现在却卡住了。现在的关键点在于，如何让他们之间的关系有效互动起来。其实，我看到，只要王健能够放下，敞开心扉，那么所有的事情就迎刃而解了。

教练：非常有洞察的发现。那么，刚刚我们站到了不同视角来体验和感受。现在，我想邀请你进入一个整体的位置和视角。如果从“我们”的视角来看，我们会如何共创属于自己的未来？

客户：其实，我们在一起工作本身也是一种缘分，我们都有非常积极正向的意图，都希望能够精诚合作，共创未来。我们几个核心的凝聚力加强了，大家才能够看到榜样的作用；那么，我们能够以身作则，公司上下才能齐心协力、相互合作，这样我们才会实现我们的目标，我们也会更有未来。

教练：非常感谢你的坦诚和勇气。那么，在感受了不同的位置和视角后，再回到当下，你有哪些新的发现？

客户：其实，要想打破这种僵局，达到高效的互动，关键在于我的改变。只要我调整了心态和做事情的方法，那么整个棋局就活了。那么我们之间的互动和动力也就会顺畅地流动起来。

教练：回到当下，你打算第一步要做什么？还有如何做能够让整个棋局活起来呢？

客户：关键的第一步，我会与另一个副总和 CEO 约个会议。与他们畅谈一下自己的想法，也为之前的种种行为道歉，并且一起梳理我们之间如何可以更加有效地沟通与互动。

教练：你打算什么时候跟他们沟通?

客户：下周，我就会跟他们沟通。

教练：还有什么?

客户：之前因为我们的不和，使得团队之间的合作也有一些问题，所以接下来，我需要做的就是跟团队沟通，如何更加有效地与其他部门合作。

教练：关于与自己团队的沟通，你打算什么时候开始?

客户：在我们三个沟通，并确定接下来的行动之后。应该会在两周之后。

教练：还有呢?

客户：我们两个部门之间可以做个跨部门合作的探讨或者工作坊，让我们就当前的一些挑战进行分析并且梳理如何加强合作，达到绩效目标。

教练：什么时候打算采取行动?

客户：下个月，我们刚好有次季度会议，可以让所有团队成员参加。

教练：那么，如何可以持续保持这种互动关系并且使之更上一层楼呢?

客户：我想我们需要定时地总结和反馈。这样可以确保我们在同一个频道上。

教练：时间也差不多了，我也想核实一下。刚刚你谈到对于如何厘清当前的状况以及找到有效的互动方法时，你的清晰度是 5 分，那么现在有几分？

客户：有 9 分吧。方法当然是主要的，更加重要的是我对自己有了新的发现。

教练：也非常高兴你有这样的发现和找到了方法。如果来总结一下的话，你今天最大的收获是什么？

客户：当我站到不同的位置来体验时，对我的冲击还是蛮大的。这种体验让我对自己的发现和思想意识有了突破。能够从不同的视角来看问题，真正地做到换位思考。并且，只要我朝着积极正向的方向改变了，那么结果就会自然产生。当然，你的问题让我厘清了我们之间的关系并且找到了方法。非常感谢啊。

教练：不客气。假如这次你能够成功地实现所有这一切，那么，对你未来的发展，又会有什么影响？

客户：这种自我突破能够让我更加自信，无论遇到任何状况，改变要从自己开始。我相信对我未来的职业发展也会有积极的推动作用。非常感谢你！

客户：（这时，客户提出了一个请求……）老师，我可以拥抱一下你吗？

教练：（我站起来，走到他的面前，给了他一个大大的拥抱。）相信你一定能够成功的。加油！

在客户体会了不同的位置和视角之后，首先，他有了自我觉察意识和自我突破的意愿；其次，能够理解他人的感受和处境；再次，能从更宏观和更长远的视角来看待这件事情；最后，也能够面向希望达到的未来目标采取行动。通过感知位置的教练辅导，让纠结客户半年之久的问题终于得以解决。看到他舒展和开心的样子，真心为他高兴。

感知位置的其他运用场景

□ 同理心以及换位思考：通过不同的感知位置的体验，能够让人们感同身受并做换位思考，然后做出更加恰当的决定。

□ 化解和解决冲突：冲突往往是因对于同一件事情有着不同的视角和看法而产生的，通过感知位置，让人们跳出原来的框框和固有的位置，加深彼此的理解并且积极主动地找出面向未来的处理方式和方法。

□ 整体思考：在做某件事情和决定之前，也可以从不同的感知位置来体验即将做的事情和决策，这样会更加系统和全面地进行思考，以谋划未来想要达到的成功。

感知位置的练习

① 选择一个需要探讨的问题。你可以自己练习，或者与同伴练习——一个做教练，另一个做客户。

② 站到第一个位置：观察并倾听自己。想象一下对话的场景或者重放真实的对话。尽量多地来观察感官信息——你能够看到、听到、感受到、品尝到、闻到什么，甚至跟自己对话。

③ 走到第二个位置：站到对方的视角，根据他们的经验或看世界的方式来体会他们能够看到、听到、感受到什么。使用你知道的所有关于对方的信息——他们的背景、教育、当时发生了什么。在他们的位置上体会如何？关注你的感受、你的想法和你是如何看待发生的事情的。

④ 走到第三个位置：站到外面的视角来看待互动关系。作为中立的观察者，留意各利益方之间发生着什么——没有将自己置身之中，而是置身在外。没有站队、判断或者试图发现解决方案，只是留意他们之间的互动。只是注意到正在发生的事情。

提示：保持“干净”的第三个位置，这样你就能够客观地看待当前情况。你也可以移步进入与事情或关系相关的、真正的第三个位置上，并且从他们的视角来看、来听、来感受。

⑤ 走到第四个位置：在综合前三个位置之后，我们可以做什么。面向未来，我们希望看到、听到、感受到什么。我们如何创造我们希望达到的未来愿景和目标。

⑥ 返回到第一位置：这个练习如何改变了你的互动体验？对你来说，还有哪些可能的选择？你还可以做什么能够使事情朝更好的方向发展？

第5章

创建组织教练文化和留下传承

5.1　创建组织教练文化

这几年，许多组织都提出要创建教练文化。那么，究竟如何定义教练文化呢？彼得·霍金斯在他的《创建教练文化》（*Creating a Coaching Culture*）一书中提出："当教练的方式成为领导者、管理者和员工在与人互动和发展他人，以及与其利益相关人互动时所采用的主要方式，并通过'教练的方式'来提升个人、团队和组织的绩效和所有利益相关人的共同价值时，那么，教练文化就会在组织中存在。"

在一个拥有教练文化的氛围中，大部分的员工都能将教练的方式运用在日常的生活和工作中，他们能够活出教练的状态。无论是与自己相处，还是与他人互动；无论在生活中，还是在工作中，他们都能将教练的理念和实践有机地结合，做到言行一致。真正的教练文化是激发潜能、提升绩效、交付结果，而不仅是提供像母亲般的关怀；真正的教练文化是规划愿景和达到目标，并相互成就，使员工变得更强壮、更有能力，而不仅仅是只关注自己利益的谈话。它是一个生态系统——彼此连接、彼此激发、彼此成就、彼此开心的状态。

在一个有教练文化的组织，假如让你乘坐着直升机，站到更高的视角来俯瞰这个组织，你会看到这样的画面和场景。

□　高层管理者有清晰的愿景——教练辅导是组织运作的核心。

- □ 管理者积极捕捉并抓住帮助他人和团队学习和成长的机会，对他们进行教练辅导。
- □ 面对不尽如人意的绩效和结果时，管理者聚焦员工发展、寻找差距、提升绩效和达到结果，而不是一味地批评和指责。
- □ 同事之间可以提出开放型的问题，让对方思考得更深和更远。
- □ 员工之间的对话更加开放、真诚和相互支持。
- □ 人们相互给予定期的反馈，既有支持性的，也有批评性的反馈。在沟通中更加直接，更加聚焦，而无须思考会驳了谁的面子，或者不好意思。因为大家彼此信任并且聚焦于共同的目标。
- □ 教练、指导、管理、引导等方式并存，目的是让员工最大化地发挥自己的潜能，创造希望的成果。
- □ 团队之间有清晰的目标、角色、分工、流程和关系。
- □ 关注的焦点不仅是交付短期的结果，而是同时聚焦建立关系以及长期的业务发展。
- □ 人们更加积极主动、设定更具有挑战性的目标，并且面向未来的愿景，创造出更多的可能性。
- □ 人们能够感受到温暖、包容、开放、支持、信任的氛围。

……

以上这幅场景如何呢？我想大家都向往这样的场景。但是，发展和保持这种教练文化，绝非一日之功。它不仅需要组织花大量的时间和精力致力于教练文化的创建和维护；同时也需要高层管理者有清晰的愿景和坚定的信念，并且需要他们放权给其他级别低于他们的管理者和员工。

当组织发展并培养教练文化时，并不等于就要放弃其他的管理方式。它们可以相互并存并相互作用，毕竟，组织的最终目标是要产生效益和结果。如何平衡短期的结果和长期的发展，既做到达到目标，又做到发展人员，这是管理者需要思考的问题。另外，每个组织所处的环境、发展状况，以及发展阶段都各不相同，需要根据自己的状况，有目的、有计划地来发展教练文化。英文中有句话："在大楼燃烧时，也就是在紧急情况之下，你不用教练辅导他人。"（You don't coach someone out of a burning building.）创建教练文化最重要的方面就是领导者有种通过修炼而产生的直觉，他们知道何时需要辅导他人，何时不需要。

如何在组织中够创建一个"教练文化"？以下六个步骤可以帮助组织一步步地建立并保持教练文化。

1. 构建一个清晰的愿景

高管团队需要共创出"教练文化"主导的组织愿景。愿景应该是理想的、独特的、图景的描绘、面向未来、能够反映出共同的利益，并且充分想象出崇高的可能性。能够从让人们看到、听到、感觉到与现在的文化有何不同之处。它未必完美，但需要令人激动并能激发他人。教练文化如何与公司的愿景有机地结合起来？如何支持公司愿景和使命的完成？如何支持组织发展的长远目标？当这个教练文化变成了主要的管理方式，以及与他人做生意的根本时，组织的各个利益相关人将如何从中受益?

2. 明确组织建立教练文化的使命

一旦愿景清晰，接下来就是自上而下地沟通，将建立教练文化的使命与公司的总体愿景相互结合，相互发展。同时，持续更新组织的变化和发展，让组织中的每个人都非常清晰这个使命，并且为之奋斗。教练文化的建立并不是最终目标，而是迈向组织发展目标的一个途径，所以，教练文化是组织持续学习与发展，从而提升所有员工以及组织的能力和潜能的一个重要组成部分。这样，才能使个人、团队、组织目标和绩效得到提升，从而为各个利益相关人和组织创造更大的价值。

3. 理解更深层次的价值

人们之所以在一个组织工作，是因为有志趣相投的共同目标和相同的价值观。共同目标带给他们迈向未来的希望和憧憬，以及创造的过程让他们享受成就感。而相同的价值观则使他们找到情感上的归属感。组织的教练文化往往使管理者尊重员工、相信员工是有创造力和内在资源丰盛的、员工能够做到最佳的原则；同时，使员工感受到管理者和他人的尊重、信任和认可，从而他们的参与度、敬业度和满意度也会大大地提升。这样，员工的幸福感也会产生。

4. 制定教练文化的具体战略目标

在澄清了愿景、使命和价值之后，组织需要分析是否拥有建立教练文化的能力和资源，以及如何提升相应的能力和获取相关的资源，并制定相应的具体战略目标。

- □ 建立教练文化的基础架构并且与植入组织人力资源和绩效管理体系中。教练文化的建立并不仅需要教练辅导谈话，而且需要长期持续强化。将这种理念和实践与领导者的岗位职责、能力发展、绩效管理、晋升发展、奖惩体系等有效地结合起来，让教练辅导的意识和行为成为工作中的一部分，那么建立教练的文化才有可能。

- □ 客观地分析，找出差距。在制定战略时，组织需要客观地分析当前教练文化的现状、能力和资源；同时，也需要厘清想实现未来愿景的能力和资源；然后找出差距，制定具体的战略目标。

- □ 借助外部教练的力量。组织教练文化建立初始阶段，往往需要选择外部的教练通过不同的方式来帮助其搭建架构。同时，也需要外部教练培养和发展内部的教练能力。

  - ■ 甄选合格的高管教练。设定一系列的标准，为高层管理者建立高管教练库。在选择外部高管教练时，关注教练的能力、信誉、文化认知、情绪管理，以及丰富的高管和教练经验，这样他们才能够真正地支持高管自我觉察、自我认知、自我发展和自我突破，从而使个人和职业的绩效提升。

  - ■ 拓展领导者教练辅导的能力。为了拓展和提升领导者的教练辅导能力，可以借助外部教练力量来开发系列的发展项目。（当然，如果企业内部有资源，也可以在内部来发展。）

  - ■ 这些项目包括：①“教练型领导”的工作坊，以及后续教练辅导。它可以帮助领导者提升教练辅导的能力，从而释放领导者的能力，以及激发和发展他人的能力，一箭双雕，共同发展。导致的最直接的结果就是领导者有教练辅导的能力，工作更加有效率和效果，可以关注更高层面的事情；员工的参与度、责任感和能力也会随之而提升；团队和组织的绩效也会提升。

②“团队教练”工作坊，以及团队教练辅导项目。此项目往往以真实的团队为主，通过工作坊、团队教练辅导、行动学习等多样化的方式，让团队更加有凝聚力和向心力，同时，建立团队工作的信任基础和有效的工作方式，为了团队共同的目标和结果，相互承诺，共同当责。

③ 提供内部教练的培养与发展项目。就像培养专业的教练一样，企业内部也需要借助外力来内化自己的教练辅导能力。

④ 内外结合教练辅导项目和其他发展项目。外部教练提供方法论，同时提供反馈、引导和培训发展；同时，内部导师则聚焦在实施流程和持续的支持。当然，还有其他的形式可以考虑。

⑤ 提升组织整体的学习能力。

□ 发展企业内部教练：规模较大的组织，可以在拓展领导者的能力之后，考虑建立内部教练库和实施内部教练的项目，这样，会更加有针对性，并且能够持续地引领和应对各种变化。因为企业内部教练会更加理解组织文化、背景、环境和利益，所以，内部教练会在提升员工的保留率、参与度、生产力和绩效等方面会有更大的影响。当然，在甄选内部教练时，也需要设定一定的标准，使得他们能够将教练文化进行到底，而不是有名无实。在选择时，最重要的一点就是核实领导者是否有足够的意愿和能力兑现承诺。事实上，往往之前接受过教练辅导的领导者更有意愿成为内部教练，也更加主动地推进教练文化，因为他们曾经受益于教练辅导给自己带来的认知和觉察能力的提升和突破，能够真正地平衡生活和工作，真正地享受面对不同状况时的从容和笃定。

5. 采取具体的行动

在确定了具体的教练文化战略之后，领导者的活动和领导行为需要与教练文化保持一致，并落实到日常的工作中。当组织开始推进教练文化时，需要领导者突破原来固有的思维和管理模式，跳出自己的舒适区。并且，在过程中也往往会遇到一些阻碍和抗拒。主要时间需要花在让大家认同上。

例如，通常会听到类似声音："时间紧，任务重，我们没有时间来做教练辅导。""高绩效的员工根本不需要教练辅导。""绩效差的员工干脆炒鱿鱼就得了，还需要辅导。""我们的文化就是变化太快，压力太大，要求太高，不适合教练辅导。"

我们如何与不想变化的人打交道？我们应对变化的阻碍不是打压并遏制，而是带着好奇心来看看阻碍背后的正向意图是什么。找出他们的担心和恐惧，理解变化所带来的情感上的影响，并且让他们看到变化之后的未来，以及通向未来的路径。这样，他们才会感觉到被理解、被倾听、被引领。一旦体会到教练辅导的力量，他们将会成为组织教练文化系统的助推器和催化剂。当从心理上认可时，他们就会将教练辅导用于不同的工作场景中，如员工发展谈话、处理问题、规划未来、设定目标、处理冲突等。

6. 树立榜样，发挥力量

培养教练文化的关键就在于你是否是教练型领导。当你的态度、思维、心智、行为发生变化时，你能够体会教练所给你带来的力量和影响，这时，你就会展现出表里如一、言行一致的领导风范。教练辅导成为你管理中自然的一部分；你真正地活出了教练的状态，践行着教练辅导，并能够帮助他人、成就自己。这时，与你互动的人也会深受你的影响，从而做出改变。同时，他们也用同样的理念和实践与他人互动，影响到更多的人。此时，涟漪的效应就会形成。那个时候，教练文化超越了组织的边界，会对整个社会产生积极正向的影响。

通过以上这六个步骤，组织可以建立并发展教练文化。但是，建立教练文化并不是一蹴而就的事情，它需要一个长期的过程。同时，它也并非一次活动，而是一个旅程，需要坚持和耐心。就像许多聚焦长期的新活动一样，大部分成本都集中在前期阶段——时间、精力、金钱等，但是收获在未来。试想一下，当教练文化在组织中逐步发展之后，所带来直接的收益就是：①提升领导者的个人能力；②提升整体的领导力，当你放权给他人时，他们的领导能力和自动自发的能力也会随之而提升；③提升整个组织的学习能力；④提升员工和各个利益相关人的参与度、满意度和敬业度。当这些都发生时，你会观察到整个组织的效能和效率也会随之提升，整个组织也会成为高绩效的组织，可以交付更好的结果。同时，因为共同的价值观和理念，组织的凝聚力和氛围也会更好。当组织整体的能力以及学习的能力提升时，无论外部环境变化多快，这个组织都用调适的能力，来应对各种变化和挑战。

5.2　留下传承：成为教练型领导

2019 年春节，农历大年初一，《流浪地球》一上映，迅速火爆，成为票房冠军。作为首部中国科幻大片，不仅在中国火爆，同时在全球也受到了追捧。之后看到关于这个片子的许多幕后以及导演郭帆和演员吴京的故事。导演比较新，而且拍科幻片也没有任何经验，属于第一个吃螃蟹的人。另外，拍科幻片往往成本高、技术难、风险大，所以，《流浪地球》的诞生，颇为坎坷。除了资金预算有限，而且特效制作又特别烧钱，他们在演员甄选上也没有足够的资金请许多一线有名的演员来担任主要角色，但还是希望能够请到著名演员加入带动票房。在寻找刘培强的角色上，他们希望扮演者有很高的知名度，戏份不是男一号，但要愿意为青年的演员开路，同时还要少收钱。

但是，知名度很高的男明星，谁愿意为一部前途未卜的科幻片，砸上名气、时间、精力，并且还要少收钱？谁这么傻？剧组几乎问遍了所有知名演员，但没有一位愿意出演。最后，导演郭帆去找吴京。看到郭帆对科幻片的执着，他二话没说就答应了，只对郭帆提出了一个要求，“今天我帮助你，未来当你遇到执着追求电影艺术的人，你也要帮助他”。进组客串的吴京，没想到投资方因为考虑利益，突然撤资。这时，吴京不忍，自己又投资了 6 000 万元。后来导演又问他是否可以不要片酬，将经费用在特效上，他又同意了。不仅是吴京，剧组所有的人基本都是在砸锅卖铁地支持电影的拍摄。这才使得中国首部科幻片经过四年打磨，成功与观众见面，并且收获的赞誉不绝。

这就是传承。

谈到传承，哈佛商学院资深研究学者劳拉・纳什和资深副主任霍华德・H. 史蒂文森，在 2004 年 2 月发表在哈佛商业评论上的一篇文章《持久的成功》中谈到持久的成功包括四个部分。

- □ 幸福：对自己的人生感到喜悦或满足。
- □ 成就：取得了他人渴望得到的相似目标。
- □ 意义：对你关心的人产生积极正向的影响。
- □ 传承：建立你的价值观或成就感，从而能够帮助他人找到未来成功的一种方法。

传承这个词语虽然简单，却蕴含着深刻的意义。传，是指传递，这里是指传授的意思。承，是指托着和接着，这里是指继承的意思。传承指的是传授和继承的过程。

通用电气克劳顿管理学院被《财富》杂志誉为“美国企业界的哈佛”，不仅是自己公司领导干部培育和成长的摇篮，同时也为全球 500 强的公司输送了大约 140 位 CEO。公司原董事长兼首席执行官杰克・韦尔奇说：“我只想静静地做一名企业教练。我想提醒你们，我观念中的领导艺术是什么，它只跟人有关。没有最好的运动员你就不会有最好的球队，企业队伍也是如此——最好的领导人实际上是教练！”在他任职期间，他曾 250 多次出现在管理学院并亲自向通用电气的管理人员授课。不仅如此，在工作中用教练的方式辅导和发展各个层级的领导团队。

2017 年，受时任中国发展培训中心负责人谭亮校长之邀，我们访问培训发展中心；并且就通用电气如何培养教练型领导，以及教练辅导在企业中的运用和实践做了充分的交流和探讨。确实感到通用电气在通过教练辅导来赋能领导发展上走在许多企业的前面。在过去几年中，培训发展中心的所有资深培训师都通过了专业教练认证的学习，将教练运用到自己的培训课程中，以及帮助领导发展的实践中。

自从教练的理念和方法被引入企业中，就给企业带来富有成效的结果。2012 年，普华永道与国际教练联盟的全球教练客户研究报告显示，教练辅导给企业带来巨大的收益。①释放潜力，提升生产能力——70% 提升工作绩效，61% 提升商业管理，57 % 提升时间管理 ，51% 提升了团队有效性。②员工更加积极正向，面临各种挑战有自信——80% 提升自信心，73% 改善互动关系，72 % 提升沟通能力，67% 提升工作和生活的平衡。③客观的投资回报——教练激发对未来行动的学习和清晰化，使客户承诺并达到可以衡量的结果。在调查公司中 86% 的公司的投资回报是值得的。④满意的客户。无论是企业客户，还是个人客户都对教练非常满意。公司的满意度达到 99%，并且 96 % 的客户表示会重复使用教练。

在未来的企业管理中，成为教练型领导依然是趋势。教练辅导能够触动员工的内在觉察、探索和思考，从而寻找各种可能性；能够引发员工的内在智慧，相信他们有解决问题的思路和方法，赋能于人，授人以渔；能够突破限制性的信念，从而做到自我突破和成长；能够支持员工自动自发，以愿景为导向，聚焦目标，使命必达，不断尝试，推动组织整体的提升发展。作为领导者如何能够顺应这种趋势？提升和发展自己教练辅导能力势在必行。通过学习、实践、反思、提升，真正成为教练型领导。

此时此刻，你就是教练型领导。这个新的角色赋予你更加重要的意义，因为你坚信通过你的辅导，能够激发并释放他人的潜能并支持他们的发展；同时，你也坚信这是一种传承，经你辅导和发展的领导者也会用同样的方式辅导他的下属。这种积极正向的影响，层层扩散，就像涟漪一样，对个人、团队、组织和社会产生巨大的推动作用。

想象一下，数年之后，在你即将光荣退休之际，你之前的下属要给你举办一个别开生面的退休派对，你希望谁能参加？他们以什么样的状态来参加这个派对？在这个派对上，他们都在做着什么？谈着什么？传递着什么？创造着什么？这时的你又感受到了什么？此时此刻，你又是谁？又有怎样的身份？这个身份对你和他们又意味着什么？除你和下属以外，还有谁能够从中受益？你希望创造的未来又是什么？假如，此刻让你慢慢地从这个场景中抽离出来，置身之外，就像在电影院里，坐在观众席上观看一部关于自己的领导历程的电影——从你的职业生涯刚刚开始，到你第一次成为管理者，然后再到此时此刻，你希望出现在屏幕上的场景是什么？为什么这些场景对你来说那么重要？在这个领导力探索和实践的旅程中，你做了什么能够激发并带领他人？在观看完你的个人职业生涯影片并回到退休派对中时，用自己的方式感受当下的氛围，你会对自己说什么？他们会对你说什么？

心系传承，立足当下。从现在开始，在你的领导力发展旅程中，带着这个新的身份——教练型领导，开始享受这个过程吧！叩人心扉，启动心智，这就是叩启的力量！

参考文献

[1] W. Timothy Gallwey. The Inner Game of Tennis[M]. New York：Random House, 1974.

[2] ICF. The Golden Standard in Coaching[EB/OL]. [2019-12-11]. https：//coachfederation.org/about.

[3] Fran Peavey. Strategic Questioning — An Approach to creating Personal and Social Change[J]. In Context, 1995, Spring : 36.

[4] Fran Peavey. Strategic Questioning Manual[EB/OL]. [2019-12-11]. http：//webshare.northseattle.edu/Leadership2011/Fran_Peavey_strategic_questionning5.pdf.

[5] 彼得•德鲁克 . 管理的实践 [M]. 齐若兰，译 . 北京：机械工业出版社，2018.

[6] 约翰 • 麦克斯韦尔 . 360 度全方位领导力 [M]. 路大虎，赵良峰，译 . 北京：中国青年出版社，2013.

[7] Marshall Goldsmith. Five Global Leadership Factors[J/OL]. Business Week, 2009, [2019-12-11]. https：//www.marshallgoldsmith.com/articles/five-global-leadership-factors/.

[8] 奥托•夏莫 . U 型理论：感知正在生成的未来(全新升级版)[M]. 杭州：浙江人民出版社，2013.

[9] Robert Dilts.A Brief History of Logical Level [EB/OL].（2014）[2019-12-12]. http：//www.nlpu.com/Articles/LevelsSummary.htm.

[10] 兰西奥尼 . 团队协作的五大障碍（第三版）[M]. 北京：中信出版社，2013.

[11] 丹尼尔 • 平克 . 驱动力（经典版）[M]. 龚怡屏，译 . 杭州：浙江人民出版社，2018.

HeadStart 思瀚

上海思瀚商务咨询有限公司（以下简称思瀚）由闫秋华女士于2004年创立。思瀚致力于为国际化公司和本土企业提供领导力发展、教练辅导、组织健康咨询，以及测评等服务。思瀚的总部位于美国芝加哥，它始终保持拥有领先的资讯，以确保可以提供最专业的服务，满足客户的需求。

思瀚的使命是通过提供领导力发展、教练辅导及专业咨询等服务，帮助客户释放潜能，发展能力，达到目标，并获得可持续的竞争力。思瀚的愿景是作为值得信赖的战略伙伴，致力于赋能个人、团队、组织和社会。

联系思瀚

网站：www.headstartchina.com

地址：上海市静安区威海路511号上海国际集团大厦13楼1302室

电话：+ 86 (0)21 62330859

邮箱：info@headstartchina.com

扫描二维码关注思瀚公众号

专业范畴 What We Do

国际教练联盟专业教练认证
ICF Professional Coach Certification

- 系统教练 Systematic Coaching

教练辅导 Coaching

- 高管教练 Executive Coaching
- 高潜人才教练 High Potential Coaching
- 团队教练 Team Coaching
- 绩效教练 Performance Coaching

企业内部教练体系及文化的建立
Internal Coach Pool &
Coaching Culture Build-up

客户化的企业内训
Customized In-house Training

- 各级领导力发展
  Leadership Development at All Levels
- 领导力神经科学 Neuroscience Leadership
- 团队发展 Team Development
- 组织健康 Organization Health
- 组织文化Organization Culture

金牌课程 Signature Courses

- 教练型领导 Leader As Coach
- 领越™领导力
  The Leadership Challenge®
- 克服团队协作五项障碍
  Five Dysfunctions of a Team

领越LPI® 360+
Leadership Practice Inventory

Everything DiSC®

高凝聚团队的五项行为™全线测评
The Five Behaviors of A
Cohesive Team™ Assessment

测评中心及发展中心
Assessment Center &
Development Center

领导力发展
Leadership Development

人才盘点和人才发展
Talent Review & Development

组织发展
Organization Development

反侵权盗版声明

举报电话：（010）88254396；（010）88258888

传　　真：（010）88254397

E-mail：　dbqq@phei.com.cn

通信地址：北京市万寿路 173 信箱

　　　　　电子工业出版社总编办公室

邮　　编：100036